Henry Fuseli

**Ein Schärfgen auf den Altar des Vaterlands gelegt**

Henry Fuseli

**Ein Schärfgen auf den Altar des Vaterlands gelegt**

ISBN/EAN: 9783743485327

Hergestellt in Europa, USA, Kanada, Australien, Japan

Cover: Foto ©ninafisch / pixelio.de

Weitere Bücher finden Sie auf **www.hansebooks.com**

# Ein Schärfgen

auf den Altar des Vaterlands geleget

von

H. H. Füßli.

Zürich,
bey Orell, Geßner, Füßli u. Compagn. 1778.

# Rede

beym

Eintritt in das Lehramt

der

Vaterländischen Geschichte

und der

Politik.

Meine Hochansehnliche Zuhörer! Erlauchte Väter, Lehrer, Freunde, und hoffnungsvolle Jugend meines Vaterlands!

Als ich vor ein paar Jahren, von eben dieser Stelle, meine Mitbürger durch eine Reihe von Gemählden der Thaten und Sitten ihrer Aeltervåter unschuldig zu ergötzen suchte, und dafür einen Lohn einerndtete, den mir, nach meinem einfältigen Bürgersinne, kein Gnadengehalt des größten Fürsten hätte geben können —

den warmen unzweydeutigen Beyfall aller Weisen und Redlichen unter dem Volke — Damals erhielt ich gleichsam den ersten Ruf, alle die Zeit, welche nähere Pflichten mir gönnten, der einheimischen Geschichtskunde, und den damit verwandten Studien, einzig, und mit unzertheilten Kräften zu widmen. Indessen gibt mir mein Herz das getroste Zeugniß, daß ich darum keine voreilige, oder vielmehr unheilige Seitenblicke auf den Lehrstul geworfen habe, den der ehrwürdige Greis ledig gemacht, der, in der Mitte seiner ehemaligen Schüler, und unter dem Gedränge ihrer Kinder und Kindeskinder, mir zuhört.

Niemals, Vortrefliche Zuhörer! bin ich irgend einem öffentlichen Beruf, auch nur nicht mit unruhigen Wünschen, unordentlich auf die Spur gegangen — und niemals werd ich es thun. Ein bescheidenes Maaß von Bedürfnissen sezt mich weit über jede Versuchung weg, Grundsätze zu verläugnen, die schon längst mein Glück um so viel sicherer gemacht, da ich nicht von Haus zu Haus rennen durfte, um solches zu suchen, sondern es gerade in meinem eignen gefunden habe, in der Seligkeit des goldenen Privatstands, in dem Kreise sieben lachender Kinder, in dem Umgange mit trauten Freunden, und an der unerschöpflichen Quelle der vaterländischen Rechte und Geschichten. — Aber der unvermuthete Schritt meines Lehrers, welcher mich noch täglich mit einem vermischten Gefühl von Bewunderung und Wehmuth erfüllt; sein unveränderlicher Entschluß ein Amt niederzulegen, dessen Gegenstand mit meinen Lieblingsstudien in dem genauesten Verhältnisse stuhnd; der zärtliche, recht väterliche Seitenblick, den er, wie ich bald sehen mußte, bey alle diesem auf mich, seinen Zögling, warf, waren so viel Winke der leitenden Fürsehung mich aus meiner Muße aufzuraffen, denen ich nicht widerstreben durfte. Ich wagte es darum, MGHH. und Obern schwache, aber getreue Dienste anzutragen. — Mir selber die Bahn von Pflichten vorzuzeichnen, deren gewissenhafte Erstattung allein mich dieses gnädigen, so viel als einhellig bescheinten Zutrauens würdig machen kann, ist ohne Zweifel der Hauptendzweck dieser Stunde, die mir der erlauchte Rector unsers Gymnasiums zum feyerlichen Eintritt in mein Lehramt angewiesen hat. — Indessen sey es mir vergönnt, noch vorher dem Lehrer der uns verläßt, die Huldigung zu leisten, welche solchen Verdiensten um die Aufklärung seiner Mitbürger überhaupt, und um diesen Lehrstul insbesondere gebühret: Denn das Denkmal von Männern aufzustellen, die ihr Volk und ihre Zeitgenossen erleuchtet und gebessert haben, gehört ohnehin wesentlich zu meinem künftigen Berufe; indem ich das seinige entwerfe, erzähl ich zugleich die Geschichte der vaterländischen Litteratur dieses laufenden Jahrhunderts. Ich wage sogar einen flüchtigen Blick auf frühere Zeitalter, auf die Morgenröthe der schönen Tage welche uns beseeligen: Man wird sich kaum darein finden können, wie ein Volk aus dem mit Macht einbrechenden Lichte des gesunden Denkens sofort wieder in die alte Nacht zurück sinken kann; aber auch nur etlicher muthiger Köpfe bedarf, um eine neue Revolution im Reiche der Geister zu bewirken, welche wo nicht glänzender, doch dauerhafter als die erstre ist. Man lese nämlich die Geschichte unsrer Glaubens- und Sittenverbesserung, und die Schriften der gesetzgeberschen Köpfe, welche solche bewirkt haben; man wird über den philosophischen Haß gegen allen Menschentand, die demosthenische Begeisterung gegen alle Fesseln kirchlicher und bürgerlicher Freyheit, über den altchristlichen Geist und klaßischen Ausdruck erstaunen, der in allen ihren Produkten, von ihren Schriftauslegungen an bis auf die geringste Policeyverordnung herrschet. Nur das Uebermaaß eines verzehrenden Eifers, den wir billig auf Rechnung der unbegreiflichen Verdorbenheit ihrer Zeit setzen dürfen, trübt hie und da die Reinigkeit des Geschmacks und die Richtigkeit der Begriffe. Allein, dieses wird das Schicksal aller, besonders religiöser Verbesserungen bis ans Ende der Tage seyn. Ihre Stifter verfechten die unwandelbaren Rechte der ewigen Wahrheit; die nächsten Schüler treten in den Eifer, aber selten in den lichtvollen Pfad ihrer Meister ein. Bald gebricht es ihnen an Einsicht, bald an Muth, bald an Willen; sie wähnen die Verbesserung fester zu gründen, indem sie ihren Sinn übertreiben, und die zweyten Nachkommen der Reformatoren sind schon wieder Verderber. So folgte bey uns auf das apostolische sechszehnte Jahrhundert das theologische siebenzehnte; ein, zumal von seiner lezten Hälfte an, zänkisches, gehäßiges Zeitalter, von einheimischen Zwistigkeiten und ausländischen Schulfehden zu einem Ungeheuer aufgesäugt, dessen Gift und Unrath wechselweise Kirche und Staat befleckte, Geschmack und brauchbare Kenntniß verscheuchte, und alle Anmuth des Lebens tödtlich verbitterte. Kurz eine stockdicke Finsterniß bedeckte das Land, nur hier und da von grossen Irrwischen, Lumina genannt, erleuchtet. Die Philosophie, wie solche auf unsern Cathedern gelehrt wurde, war ein elendes Wortgezänk; geschickt das Gedächtnis zu üben, mitlerweil es den Verstand zu Boden ritt: Die Politik hielt die Sittenlehre für eine gefährliche neumodische Nachbarinn: Die Diener Christi warfen den Kern seiner Religion auf die Gasse, und bissen sich die Zähne an den Schalen stumpf; sie nannten die Schranken, welche sie dem religiösen Denken setzeten, Säulen des Hercules; die H. Schriften wurden zu Florilegien gemacht, worin ein jeder seichter Kopf seinen eignen Unsinn zu finden wähnte; man schmeichelte, man schimpfte, man bewies

Weiß und Schwarz, alles mit den Worten der Propheten: Die Schönen Wissenschaften und Künste trugen eben dieses Gepräg; niemand ließ sich's nur träumen, daß aus den Werken der Alten andre als Wortkenntniß zu schöpfen sey; nur hie und da mißbrauchte sie ein politischer Redner, und verbrämte mit ihrem Gold seinen Lumpenkittel; die Dichterzunft war ein Bettelorden, und der höchste Punkt ihrer Begeisterung das Beylager eines hochadelichen Brautpaars, die Geburt eines jungen Staatsmanns, die Ankunft eines Elephanten oder Cometen; man reimte eine Lebensregel über jeden Schweinstall. — Gotthard Heidegger, welcher sich mit seinem ganzen feinen Kopfe durch diese Barbarey kaum die Hälfte durcharbeiten mochte, streute vermittelst seiner lebhaften Laune, die er unter einem mehr als grammatischen Studio der Alten nährte, zu Anfang des laufenden Jahrhunderts die ersten Saamen des bessern Denkens bey uns aus, die aber so wenig öffentliche Früchte trugen, daß zu seiner Zeit die Löwenhoekischen Saamenthiergen für eine unzüchtige Lehre, und Coperniks System den oberkeitlichen Satzungen zuwiderlaufend erklärt wurden; kaum entgiengen die Scheuchzer, welche das Licht der neuern Naturlehre begierig auffiengen, der Verfolgung; wenigstens seufzte manches Matronenherz über den Lichtsinn dieser würdigen Vorläufer der Geßner und Haller. Allmählig führten die Buchhändler gute französische Schriften zu einer Zeit ein, da Deutschland an der nämlichen Erschlappung aller edlern Kräfte danieder lag und seine schönste Geister wahre Dunsen waren: Wir haben den Pascal, Montaigne, Boileau, und Moliere beynahe so viel zu danken, als ihre eignen Mitbürger. — Drey grosse schweizerische Theologen, Turretin, Osterwald und Werenfels, brachten um eben diese Zeit wahre Einfalt in die Gottesgelehrtheit; und in ihre Fußstapfen trat unter uns zuerst der vortresliche Zimmermann. — Endlich erschienen Bodmer und Breitinger: Beyde mit ausnehmen Geisteskräften begabt, und mit lauter wissenswürdigen Kenntnissen geschmückt, betraten eine ganz neue Bahn. Ihre erste Bemühung gieng dahin, durch Umgang und Schriften ihre Landleute mit dem Gedanken innig vertraut zu machen, daß Gelehrtheit ohne praktischen Einfluß auf Staat und Sitten, Wohlredenheit ohne Weisheit, und reine Verse ohne Sinn, verächtlicher Flitter sey. Darauf führten sie bald, die reifern Köpfe gerade zu, die schwächern über die Gefilde der Schönen Wissenschaften, zur Wolfischen Philosophie, welche damals den Menschenverstand der Deutschen zu restauriren anfieng; und versuchten es zum ersten Mal, ihre Schüler mit einer praktischen Lectur der Griechen und Römer zu belohnen, anstatt zu züchtigen. Eine merkliche Hoheit des Gefühls im Leben und in der Litteratur folgten auf eine ängstliche Nidergeschlagenheit — Durch diesen Charakter zeichneten sich die kritischen Werke und eigenen Gedichte, also die Lehren und Beyspiele, der Bodmer und Breitinger aus, und besserten nicht nur den Provinzialgeschmack in hiesigen Gegenden, sondern sezten überhaupt dem Gottschedischen Schwarm eine Schule von Denkern entgegen, die am Ende alle wohlorganisirten Köpfe in Deutsch-

Deutschland zu ihrer Fahne zog. — Indessen blieben die zufälligen Nachtheile einer jeden namhaften Erschütterung der Geister auch nicht aus. Ich rede von jenem Decennio, in welchem von jungen warmen Köpfen der gesunden Vernunft würklich für einige Zeit Abschied gegeben, und dafür einer verbrannten Einbildungskraft gleichsam der Vorsitz im Denken und Thun aufgetragen wurde. Doch — wir sind diesen Tagen allzunahe, Vortrefliche Zuhörer! als daß ich zugeheilte Wunden in so vielen Herzen, und gerade in meinem eignen, länger aufreissen sollte. Aber auch in dieser Crisis blieben unsre beyden Weisen, was man erwarten konnte: Ruhig und lächelnd sahen sie auf diese vorübergehende Verirrung, und waren zu klug, einen Dunst im Ernst zu beschwören, der von selbst den Weg aller Dünste gehen mußte. B

Mitlerweile nun Bodmer, gemeinschaftlich mit seinem Freund, ein halbes Jahrhundert an der Bildung seiner Zeitgenossen überhaupt arbeitete, blieb er darum nicht minder seinen nächsten Pflichten, eines Lehrers der vaterländischen Geschichte und einer ächten Politik, allemal am liebsten und eifrigsten zugethan. — Man irre sich nicht: Wenn seine Lehrstunden nur von wenigen besucht wurden, so war dieses nicht die Schuld des grossen Mannes. Solches muß so lange das Schicksal dieses Lehrstuls bleiben, als die wahre Absicht seines treflichen Stifters aus den Augen gesezt und aus den Augen gerücket wird; so lange bey Vätern und Söhnen der gemeinschädliche Wahn herrscht, daß man in etlichen Schuljahren die grosse Wissenschaft auslernen könne, Kirche und Staat mit Weisheit zu regieren. Aber ein Bodmer wußte auch unzulänglichen Anstalten eine heilsame Richtung zu geben; darum stuhnden sein Haus und sein Herz der Jugend seines Vaterlands uneingeschränkt offen; darum übte er so täglich die Tugend der Gemeinnützigkeit welche er lehrte, und behielt nichts für eigen in dem ganzen grossen Schatz seiner Kenntnisse. Mit Socratischer Kunst half er dem unscheinbaren aber nur desto reichhaltigern Talente ans Licht; wies dem Reichthum und der Geburt ohne Verdienst ihren gebührenden Rang tief unten an; stärkte die Blödigkeit der einen, und löste die unbändige Hitze der andern in erleuchteten Eifer auf. Er war es, der die noch ganz verkannte Helvetisch-Historische Gesellschaft stiftete, und ihre ersten Mitglieder aus den edelsten Jünglingen seiner Vaterstadt sammelte, die sich um die Ehre beneideten, von ihm berufen zu werden. Wenn sich jemals hoffen läßt, zu gründlichen vaterländischen Kenntnissen zu gelangen, so ist dies von einer solchen Zusammensetzung einzeler Kräfte zu erwarten; von jungen, arbeitsamen, nüchternen Männern, welche, von dem universellen Halbwissen unbrauchbarer übergroßer Geister weit entfernt, sich vielmehr einzig, oder doch zuerst darum bekümmern, was unmittelbar wissenswürdig für einen Bürger dieses Staates sey; die es darum nicht verschmähen mit Mühe zu sammeln, und einst mit ungezwungener Großmuth ausstreuen werden. Irr' ich mich nicht, so trägt dieses Institut izt schon seine Früchte, die jedermann sieht, ohne auf ihren Ursprung zu achten. Und ich weiß, ich weiß es, noch werden Männer aus dieser Pflanzschule hervor gehn, die das

Vaterland als seine Wohlthäter ehren wird; wie vielmehr den Mann der sie alle gebildet hat! — Mir schwindelt vor dem Gedanken, daß ich nun in wenig Wochen an seine Stelle treten soll; fortführen was er angefangen, erhalten und unterstützen was er gestiftet hat. Zwar so lang Bodmer lebt, wird er der Schutzgeist Euers Lehrers bleiben, theure Söhne meines Vaterlands! Die beständige Rücksicht auf ihn, der noch immerfort mit Euch reden wird, kann vielleicht meiner Lehre eine Würde, und meinen Worten eine Kraft geben, die aber Ach! in einer Stunde ermatten wird, deren nur der gerechte Mann selber unerschüttert entgegen sieht.

Gedoppelt ist der wichtige Auftrag, Vortrefliche Zuhörer! den ich aus der

Hand MGH.H. und Landesväter empfangen habe. Ich soll meine Zuhörer erstlich vaterländische Geschichte lehren. — Welches ist aber der Charakter der ächten Geschichtskunde? Sie soll uns durch lebendige Darstellung guter und böser Beyspiele, auf allen ihren Blättern vor Thorheit, Laster und Unglück warnen, und uns für die Zukunft weiser machen: Sie soll das, was Epoque in unsern innern und äussern Verhältnissen, in unsern Gesetzen, Denkart und Sitten macht, von den Schlaken solcher Thatsachen scheiden, die niemand wissen will, weil sie weder die Ursachen, noch die Folgen wichtiger Eräugnisse sind; und die gewohnten Annalen von Abentheuern säubern, ohne darum das Wunderbare zu verwerfen, welches auf Gründen ruht, oder die geheimen Wege der Vorsehung zu beschimpfen indem sie solche zu retten sucht. Sie soll nicht nur die reife Frucht, sondern auch das Saamenkorn der Begebenheit, nicht nur das Getümmel der Schlacht und den lauten Buchstab öffentlicher Verträge schildern, sondern auch die Privatgrundsätze und Leidenschaften der Feldherren und Staatsunterhändler zu erforschen suchen; grossen Revolutionen in kleinen Anfängen nachspüren, und hinwieder den Gründen, warum oft den größten Bewegungen ein nichtswürdiger Erfolg so schlecht entsprochen hat; ohne darum in Anekdotensucht auszuschweifen, und aus jedem pöbelhaften Gerüchte ein entdecktes Geheimniß von Wichtigkeit zu machen. Sie erkennt die Tugenden und Laster der Menschen auch in ihrer seltsamsten Tracht, und mitten durch das abwechselnde Kolorit der Jahrhunderte. Niemals verbrämt sie das Antlitz ihrer Helden mit einer Glorie von Dunſt. Sie läßt einen jeden ſeine eigne Sprache reden, ſie müſſen niemals unſern Witz oder unſre Syſteme zu Markte tragen: Ihr Ausdruck iſt allemal dem Gegenſtand angemeſſen und der Natur getreu; hüpft nicht, und ſchleicht nicht wo er majeſtätiſch wandeln ſollte, und rauſcht nie wo die Begebenheit nur tröpfenweiſe von ihrer Quelle abfällt. — Welch ein vielfaches Vergnügen für den forſchenden Geiſt! Bald beleuchtet ihm der Genius der Nation mit ſeiner Fackel die ſtille Skene eines Streitgebets, oder zündet ihm die Glut herrlicher Siege an; bald führen ihn die Abſchiede Gemeiner Eidsgenoſſen mitten unter die Verſammlung ihrer Amphyktionen; er genießt unter ihnen den Sitz und die Stimme des freyen, von keinen Nebenbetrachtungen gebundenen Urtheils, und die geringfügigste Urkunde giebt ihm kleine Winke, welche oft die größten Lücken in den gewohnten Zeitbüchern ausfüllen. Ein andermal lauscht er an den Bächen der alten Gesetzgebung, die noch biß auf itzt den Geschmack ihres Ursprungs behalten und ihr Gold, oder ihren Schlamm, mitten unter uns abgesetzt. Er wird erstaunen, wie manche Maxime, wie manche Sitte, die wir für heilig und unverbesserlich halten, ächte Früchte eines Stammes sind, den wir in der Theorie schon längst verworfen haben. — Aber endlich wird das Resultat, freylich vieler hundert Nachtwachen, eine aus allen ihren Quellen geschöpfte, richtige brauchbare Kenntniß unsers gegenwärtigen Zustandes seyn. — Hier laßt uns für eine Weile stille stehn, Vortrefliche Zuhörer! Gott Lob, die Zeiten sind vorüber, wo man diese Kenntniß aus geist- und weltlichen Pfrundbüchern hinlänglich zu schöpfen glaubte, und die Ausstandsordnung zu einem kathechetischen Text für junge Familien-Söhne machte. Aber doch (ich wende mich an die Männer von fünf und zwanzig bis dreißig Jahren, meine zahlreichen Altersgenossen in dieser grössen Versamlung, und wage es, nachdem sie ausgelacht, sie zufragen,) was kennen wir? — Haben wir jemals unsre Verfassung von Grund aus untersucht? Haben wir richtige Begriffe von denen verschiedenen bürgerlichen Banden wodurch wir sind, wie uns Gott zusammengefügt; von den Verhältnissen der Gemeinheit mit ihren Gliedern? Die erste Urkunde unsers innern Staatsrecht, welche diese Verhältnisse vestgesezt, den Geschwornen Brief mit seinen Annexis, haben wir ihn mit Ehrfurcht erwogen; und darin die Natur unsers Zunftregiments, seine wichtige Beziehung auf das Ganze, die Sicherheit der gesetzgebenden, die Schranken der ausübenden Gewälte deutlich bemerkt? — Und, wenn wir es gethan; nun, so wissen wir freylich, an wen wir uns zu wenden haben, wenn wir an unsern Leibern, an unsrer Ehre, an unsern Gütern gekränkt sind. — Aber nach was für Gesetzen wird uns, oder werden wir gerichtet? Neue, allerwichtigste Frage! Kennen wir die beyden Hauptstücke unsers Bürgerlichen Rechts, die publik und in jedermanns Händen sind; die wie zwey hohe Eichen unter niedrigem Gesträuche stehn, und mit ihrem Schatten die ganze kleine Gemeinheit erquiken; unsre Stadt- und Erbrechte, die ich nie ohne Ehrfurcht für die verkannte Weisheit der Alten nennen kann?

Haben wir jemals an ihren vielfältigen Zusammenhang mit unserm ganzen politischen Daseyn auch nur gedacht? Verstehen sie wohl alle diejenigen, welche ihre — Contrakte darnach einrichten sollen? — Was herrschen, neben dem geschriebenen Gesetze, über die wichtigsten Gegenstände für gute Gewohnheiten? Sind diese Gewohnheiten unverbrüchlich? Ehret sie das Alter; werden sie der Jugend mit der Milch eingeflößt? — Haben wir die nach dem Bedürfniß der Zeiten veränderlichen Stadt-Satz- und Ordnungen, nicht nur etwa in Bänden und Promptuarien, sondern auch in unserm Kopfe gereihet? Urtheilen wir nüchtern von dem was unserm Polizeywesen gebricht; wir, die nicht einmal kennen, was davon vorhanden ist? — So viel von unserm innern Politischen Zustand das wir — nicht wissen. Aber, laßt uns unerbittlich weiter gehen, meine Freunde und Mitbürger! Es wäre strafbarer Leichtsinn, ein Gebrechen verbergen zu wollen, das vielleicht zu heilen ist, sobald wir es in seiner ganzen Grösse übersehen und gestehen. — Wie verhält es sich mit der zu Anfang des sechszehnten Seculums unternommenen, und seither bald ins stecken gerathenen, bald wieder fortgesetzten Glaubensreformation? Sind wir innig von der Pflicht überzeugt, seiner Zeit, wo Stand und Beruf es erheischet, in diesem seligen Werke fortzufahren? Wissen wir aber auch die reifen und die übereilten Versuche gehörig zu unterscheiden; kennen wir die Lehrart auf Kirchen- und Schulkanzlen, die beliebtesten Andachtsbücher, kurz den neuesten Zustand der Kultur religioser Begriffe? Zielen wol alle diese Mittel zu dem nämlichen Zwecke, dem elenden Wortkram, welcher über den Grübeleyen des Kopfs das arme Herz des Menschen lär und rathlos im Leben läßt, und ihn noch falsch tröstet an seinem letzten Ende, für ein und allemal Abschied zu geben, und dafür ein von Menschentand gereinigtes Christenthum auf den Thron zu setzen, dessen erhabenstes Principium, nach der Lehre und dem Exempel seines Stifters, die freudige Aufopferung für das Heil seiner Brüder, eine uneingeschränkte Liebe des Nächsten seyn und bleiben wird; ohne welche die eifrigste Uebung äusserer Andächteley so wenig als Berge versetzen, und heisser Thränenguß über seine Sünden so wenig als das Brennen seines Leibs Nichts, in Ewigkeit Nichts, weder helfen und nützen wird? — Kennen wir das Verhältniß dieses gesündern religiosen Denkens unter uns zum Unglauben und zur

Schwärmerey? Sind wir nun einmal fest überzeugt, daß das beste Mittel dem Unwesen der beyden letztern zu steuern keineswegs die Auto-da-fe sind, welche in verstrichnen Jahrhunderten etliche Reformatoren, nach ihrem Vorgeben mit der Fakel des Evangeliums selber, angezündet haben; sondern eine wohlverstandene Bürgerliche Toleranz, die nun seit einem Decennio ihren entschiedenen Werth erwiesen, und, ohne ein Kopfküssen für muthwillige Ausschweifungen zu werden, so viele verirrte Kinder väterlich zurückgeführt, und kein einziges gezüchtiget hat? — Eine andre wichtige Rubrik macht die Bildung der Jugend aus. Wir haben noch die bösen Tage mit unsern Augen gesehen, wo die öffentliche Erziehung einzig darauf zielte, alle Stände im Staat mit rüstigen Polemikern zu füllen, und einen Halblateiner, der kaum schreiben und rechnen konnte, an jeden Zollstock zu setzen. Diejenige Väter welche ihre Söhne zu Weltgeschäften bestimmten, sahen die Unzulänglichkeit der Wohlthat ein, welche das Gemeine Wesen ihnen darbot, und mußten nothgedrungen derselben entbehren. Die Privaterziehung mit allen ihren anderweitigen Nachtheilen gewann die Oberhand. Daher überall Relaxation der Ordnung, Zucht, Methode. Nur mit Zittern wagt man scheue Blicke auf das Geschlecht der während dieser Anarchie erzognen Jugend. — Kennen, benutzen, und verehren wir darum genug die dießfälligen manigfaltigen Verbesserungen, die — o welcher Lohn! — die ihren unsterblichen Stiftern das Glück der spätheften Nachwelt verbürgen; diese mannigfaltigen und doch zusammenhängenden Anstalten, die durchaus ihren Cha-

rakter

rakter behaupten, die Weisheit von den Wolken unter die Menschen herabzuleiten, und zum öffentlichen und häuslichen Gebrauche zuzurüsten; kurz, unsre neue auch in der ferne bewunderte Schullegislation; die zwar zum ersten Augenmerk hat, daß höhere Wissenschaft und ächte Erudition nimmermehr aus dem uralten Zürich verbannt werde; dabey aber menschenfreundlich genug ist, ein zweckmäßiges Maaß von Erleuchtung in jede Handwerksbude zu tragen, und darum die ersten Elemente brauchbarer Kenntniß schon dem Unterricht in der Müttersprache beyzugesellen weiß; die, klüglich, nicht blos Herrschaften sondern auch Dienstbothen, hauptsächlich aber nicht blos Hausväter, sondern auch Mütter bilden will, welche, anstatt die Ordnung der Häuser, wie bisher, zu verwirren, in den Plan der öffentlichen

Glückseligkeit mit ihrer eigenen leichten Meisterhand mitwirken werden; die wahrhaft landesväterliche Fürsorge endlich, welche auch der mittellosen Waise mehr als einstweiliges Brod darreicht; durch die sorgfältigste Ausbildung der körperlichen und Geisteskräfte eines jeden, sie auf den Weg stellt, sich bescheidene Nahrung und Decke in der Ehre der Unabhängigkeit zu erwerben, und ihre von keinen erniedrigenden Nebenbegriffen getrübte Dankbarkeit gegen ihre Wohlthäter nur desto unauslöschlicher macht. — Ich übergehe verschiedene andere wichtige Hauptstücke, z. Ex. den Zustand unsers Oeconomiewesens, die Bedürfnisse und Kräfte des Staats und seiner verschiedenen Stände; die Bemühungen ganzer Gesellschaften und einzeler Particularen zum Aufnehmen der Stadt- und Landwirthschaft, zur Unterstützung der unverschuldeten Armuth, zur Verbesserung des Militärs, zur Aufheiterung der Geschichtskunde, zur Ermunterung der Künste, u. s. f. Kurz, ich verlasse die Stadt, um mich noch für einige Augenblicke in ihrem Gebiet umzusehen. — Kennen wir, nicht bloß durch gewagte Schlüsse und flüchtigen Anblick, die Bevölkerung unsers Cantons, seine Produkten und ihre Cultur? Das Maaß der Industrie seiner Einwohner; das Verkehr der verschiedenen Distrikte mit der Stadt, und den daraus sich ergebenden Unterschied ihres Erwerbs und Charakters? Haben wir deutliche Begriffe von dem Versatz ihrer liegenden Gründe an die Bürger, und von den gegenwärtigen und künftigen Folgen dieses sonderbaren Verhältnisses? Welches sind die bürgerlichen Rechte und Pflichten unsrer Angehörigen?

Ueberlegen wir genug die Wichtigkeit der Versuche aus der Stadt, die Bemühung der Regierung und der Seelsorger, auch diesen Stand der Gesellschaft zu bessern, ihr Schicksal erwünschter zu machen, und ihren Vorurtheilen beyzukommen, ohne sie mit den unsrigen zu vergiften? Was für Umstände befördern oder irren hinwider die Erreichung dieses grossen Endzwecks? — Sind uns auch nur die vornehmsten natürlichen Merkwürdigkeiten unsers gesegneten Landes bekannt? Das Klima, und sein Einfluß auf lebende und leblose Produkten; die individuelle Ursachen der Fruchtbarkeit und des Mißwachses; die Grundlage des Erdbodens auf Bergen und Ebenen; die Heilbäder mit ihrem Gebrauch und Mißbrauche; die Anlagen zu Vertheidigung der Gränzen; die schönste Gegenden welche des Pinsels der Dichter und Mahler oder des Besuchs empfindsamer Seelen würdig sind? — Aber — und hier öffnet sich ein ganz neuer Auftritt, meine Freunde und Mitbürger! — Die Gemeinheit der Stadt und Landschaft Zürich ist keineswegs durch ihre innere Kräfte unabhängig von jedermann; und stehet darum, theils durch ihre täglichen Bedürfnisse, und die daraus fliessenden stillschweigenden Verträge des Handels und Wandels, theils durch ausdrückliche Pakta mit Nachbarn und Fremden in wichtigen Beziehungen. — Kennen wir nun, in Absicht auf die erstern, den Bilanz unsers äussersten Commerciums; das Maaß des Ueberschusses der Bedürfnisse über die Kräfte; den Ersatz aus der Fremde, und den Einfluß solcher Abhänglichkeit? — Und in Absicht auf die letztern — welches Feld für den Mann, der sich von dem unterrichten will, was man gründlich wissen sollte, und gutentheils nur obenhin weiß! — Oder, haben wir, vor allem aus, die engen, innigen, vielfachen Verhältnisse der Stadt Zürich mit den zwölf andern souverainen Cantonen der schweitzerischen Eidsgenoßschaft und ihren Zugewandten, jemals gehörig erwogen und sorgfältig zergliedert; die ewigen Bünde, die Pfaffen- Sempacher- und Stanzerbriefe; die mancherley Burg- Land- und Schirmrechte; die Friedensschlüsse nach einheimischen Kriegen? Kennen wir aus der Geschichte ihres Ursprungs ihren unverfälschten Sinn, und Zusammenhang? — Können wir die alten und neuen Beyspiele aufzählen, nicht bloß wann sondern wie man sich auf diese ehrwürdigen Urkunden, active und paßive, berufen kann? Dürften wir die Eidsgenossen in ihren innern Zwistigkeiten vor unsern Richterstul bescheiden, und ihnen bundesmäßiges Recht sprechen? Was wissen wir von dem Zustand unsrer Stiefkinder, der Gemeinen Unterthanen; von den zahlreichen Landsfriedlichen Verträgen in Absicht auf geist- und weltliche Dinge? Was von dem Endzweck und den Verrichtungen der öffentlichen Tage von dem Eidsgenößischen Gruß an bis auf den Abschied; von denen Geschäften sowohl die den Zustand der ganzen Conföderation, als mehrerer oder minderer Glieder derselben berühren; von den Maximen unserer Miteidgenossen in Absicht auf alle diese Gegenstände; von dem Maaß ihres bundsbrüderlichen Zutrauens gegen uns und gegen einander; von den Rechten und Beschwerden unsers Stands als Vorortes des Helvetischen Bundes? — Aber auch eine vollständige Einſicht in die Verhältniſſe unter uns ſelber, und mit den Eidsgenoſſen unſern Brüdern, begränzt die Kenntniſſe nicht, welche wir mit Recht von demjenigen fodern dürfen, der einmal berufen werden kann, ſeine Gemeinheit zum Ziel aller bürgerlichen Geſellſchaft, zur Glückſeligkeit von innen, und zur Sicherheit von auſſen, leiten zu helfen. Es iſt wahr, nach dem neuern Syſtem von Europa, machen wir nicht vielmehr als das Sandkorn auf dieſer groſſen Wage aus: Ganz andre Kräfte als ein Corps Eidsgenöſſiſcher Infanterie, oder ein Tag zu Zürich, entſcheiden nunmehr das Schickſal ſeiner Fürſten; und wenn noch fremde Mächte Schweizertruppen bedürfen, ſo brauchen wir, ſtatt einer tiefern Staatsraiſon, nur unſern Feldbau und Manufakturen um Rath zu fragen. Dafür aber führen wir mit eben dieſem

Europa den beständigen geheimen Krieg der Industrie, und einer verhältnißmäßigen innern Stärke. Wenn nun mit dem Gegenstand der äussern Staatskunst sich zum Theil die nöthigen Maaßregeln verändern, so bleibt hingegen das Bedürfniß diese jedesmaligen Maaßregeln zu kennen, unveränderlich. So kommen wir endlich an die Erwägung dieses lezten Verhältnisses der Gemeinheit, besonders mit den Nachbaren und Allirten des ganzen Helvetischen Bundes, den Häusern Bourbon und Oesterreich, durch ewige Friedensschlüsse, redliche Schutzvereine, und beständige Uebung; durch Zoll- und Gränzenverträge, Capitulationen und theuer genug erkaufte Privilegien. Kennen wir den Einfluß aller dieser Beziehungen auf den Nahrungsstand, die Bevölkerung, die Sitten und die Politik der Nation; die

Beyspiele, wie gedachte Verhältnisse von den contrahirenden Theilen sind angerufen und gebraucht worden; den Conflikt der gegenwärtigen Intressen mit dem Buchstabe und dem Sinn der Verträge; den Marsch der Unterhandlung mit fremden Höfen, die Gesandtschaftsrechte und Uebungen?

Vergeben Sie mir vortrefliche Zuhörer! wenn ich Sie mit einem noch dazu höchst unvollkommenen Verzeichnisse ermüdet habe, welches freylich, so wenig als alle übrige Nomenklaturen in den verschiednen Fachen menschlicher Wissenschaft, den Meister macht. Indessen verhält es sich wohl mit dem Beruf eines Staatsmanns darin wie mit einem jeden andern: Daß man Werkzeuge und Handgriffe kennen muß, ehe man das Handwerk treiben kann.

* * *

Ich soll, zweytens, meine Zuhörer ächte Staatskunst lehren: Jene ungekünstelte bürgerliche Weisheit meyn' ich, welche ihre Vorschriften auf die vesten Fundamente der kindlichen, ehelichen, älterlichen und herrschaftlichen Pflichten, kurz auf die Ordnung und Glückseligkeit des Hausstandes gründet, und in dieser einfachen Gesellschaft überall das Vorbild findet, wie man in der zusammengesezten grossen Gesellschaft des Staats mit Eifer und Treu gehorchen und mit Einsicht befehlen soll. — Nicht jene superfeine Philantropie, welche das Menschengeschlecht zu einer philosophischen Brüderschaft von Weltbürgern ausspinnen möchte, in der That aber die stärksten Bande der bürgerlichen Gesellschaft mit unerfahrner Hand auflöst, und uns für alles was nicht Wir heißt unempfindlich macht; aber eben so wenig die unnatürliche Erhöhung der Gesellschaft worin wir leben auf die Trümmer der Rechte eines andern: Sondern jenen der Gerechtigkeit und Billigkeit untergeordneten Eifer für die Ehre und das Wohlergehen unsers Geburtslands; jene gerade Politik, welche ihre feinsten Kunstgriffe aus der einfältigen Sittenlehre entlehnt, aber darum von der Unverschämtheit sich nicht mißbrauchen läßt, sondern durch die Festigkeit ihrer Grundsätze, und durch die Standhaftigkeit denselben zu folgen, sich geehrt und fürchterlich macht; jene unbefleckte öffentliche und Privatuneigennützigkeit auf den Eidsgenößischen Tagen, die allein den Glanz des vorörtischen Ansehens der redlichen Stadt Zürich in den Augen ihrer Mitverbündeten mildern kann: Jene bescheidene Eidsgenößische Staatsraison endlich, welche die Blüthe und den mäßigen Reichtum der Nation niemals zur Schau, oder gar zur Lockspeise auslegt, sondern solche lieber im verborgnen zum Aufnehmen des inneren Wohlstands arbeiten läßt; die aber hinwieder unsere Kräfte nicht selber geringer schäzt als solche von andern geachtet werden, und sich nicht bey der geringsten fremden Zumuthung, oder gar auf blosse Gerüchte hin, sofort einer Muthlosigkeit überläßt, welche oft weniger von der wirklichen Schwäche eines Volks, als von seiner strafbaren Gleichgültigkeit zeuget. — Dieses soll der allgemeine Charakter meiner Lehre seyn. Hauptsächlich aber werd ich meinen Zuhörern die Vorbereitung und den wichtigen Uebergang zu dem Beruf eines Bürgers zu erleichtern suchen.

Ihr seyd (werd ich meinen jungen Mitbürgern sagen) an der Schwelle des mannbaren Alters, meine Freunde! Bereit in wenig Jahren Amts= und Berufspflichten zu übernehmen; dem Staat oder der Kirche eines freyen Volkes, oder wenigstens einem Hauswesen vorzustehn: Die Jahre der Kindheit sind vorüber, diese in so mancher Rücksicht glückliche Zeit, in welcher die reine Unschuld des Herzens Euch für die Eingeschränktheit des Wissens so reichlich schadlos hielt; wo Ihr, durch das Gefühl eurer eignen Ungenügsamkeit gedrungen, blindlings denen gehorchtet, die stärker, erfahrner und weiser waren als Ihr, und von deren Wohlmeynung Euch die geringste Aufmerksamkeit überzeugen konnte. Diese für ein wohlgeartetes Kind leichte Pflicht des Gehorsams erfüllt, konntet ihr frölich erwachen, munter den Tag durchscherzen, und, müde von seinen Freuden, sorgenfrey einschlafen. Eure

Eltern, Eure Lehrer, der Staat, sorgten indessen für Euch, arbeiteten für Euern Unterhalt, und wachten für Eure Sicherheit. O, meine Lieben! Erinnert Euch zum öftern dieser seligen Jahre einer schuld- und harmlosen Kindheit; Ihr werdet es, wenn Euer Herz wohlbestellt ist, nie thun, ohne dem Geber aller guten Gaben, dem Vater seiner Geschöpfe, der kleinen und der grossen, ohne allen jenen uneigennützigen Wohlthätern, welche, mehr oder weniger, früher oder späther, Eure Jugend gepflegt und gebildet — ohne Euerm Vaterland, welches schon zum voraus mit seinem Schutze die Pflichten bezahlt, die ihr ihm so unzählige Mahle schuldig seyd — mit warmem Herzen, und besonders mit dem unveränderlichen Entschlusse zu danken, mehr als gemeine Beyspiele treuer und nützlicher Bürger zu werden. — Aber ein ganz anders als dieses ruhige Gemähld der Kindheit, stellt mir Euer iziges Jünglingsalter vor. Eine durch Nachdenken, Erfahrung, und frömde Belehrung geübte Vernunft und gemehrte E kenntniß; ein Herz welches das Gute und Böse auch unter seinen verstektern Gestalten meist richtig unterscheiden kann, und sich der Ausübung von beyden, des erstern mit Vergnügen, des andern mit Schmerzen bewußt ist; aufkeimende Leidenschaften, diese unerschöpfliche Quellen grosser Tugenden, und ausnehmender Laster; der Umgang mit denen welche mit Euch auf dem gleich wichtigen Scheideweg stehen, oder solchen gar bereits zurückgelegt haben; kurz der allgemeine Anwachs Eurer physischen und moralischen Kräfte macht Euch täglich mehr zu wichtigen Mitgliedern des Gemeinen Wesens, stellt Euch den gefährfährlichsten Versuchungen bloß, und läßt es zweifelhaft, ob Ihr ein Segen oder eine Geissel für uns seyn werdet. — Ihr fangt an mit eignen Augen zu sehen, Ihr berathet Euch selbst; man verläßt sich darauf. Hier, meine wertheste Freunde! ist für Euch eine gefährliche Klippe zu vermeiden, an welcher vorzüglich der lebhafte Kopf zu derjenigen Zeit scheitert, wo erwachende Gefühle und Leidenschaften, und die einer erhöhten Stärke sich bewußte Vernunft, ihn ungestüm von der Kindheit bis zum Jünglingsalter übertragen; ich meyne Frechheit, Unbescheidenheit, und ein unbegränztes Zutrauen auf Euch selber. Ein sechszehnjähriger Knabe, der eine Vergette trägt, und die Schule mit dem Comptoir vertauscht, wähnt, er sey ein völlig ausgewachsener Mann an Leib und Geist; er schüttelt mit Gewalt oder

List die kindliche Unterwürfigkeit ab, heischt von seinen Eltern ein bestimmtes Jahrgeld für den schuldigen Gehorsam, und arbeitet bloß des Morgens. In Gesellschaften will er den Ton geben, horcht auf den Zehen was ausgemachte Männer sich zuflüstern, wagt sich in das Gebiet alles göttlichen und menschlichen Wissens, und pralt mit aufgefangnen Brosamen die er für Saamenkörner ungemeiner Weisheit hält. Aus dieser leyder weitschichtigen Classe junger Leuthe wächst von Jahr zu Jahr die hochansehnliche Zunft der Halbköpfe. Die Beschämung, welche ihnen billig widerfährt, bleibt zwar selten aus; sie beruhigen sich aber mit dem Rufe von grossen Geistern in welchem sie bey den kleinen stehn — Hütet Euch darum, liebe Freunde! vor dieser eben so gefährlichen als lächerlichen Vermessenheit.

Schämt Euch ja nie Euers nicht ganz ausgebildeten Verstands, so wenig als Eurer nicht völlig erwachsnen Statur; es ist ein eiteles Beginnen durch Stolz und Einbildung die Schranken seiner Natur erweitern zu wollen: Vielmehr wird die Seele dadurch in ihrem ächten Wachsthum gehindert; das Herz inzwischen verdirbt, die heitre Freude der Jugend verwelkt; Verachtung und Spott trift den Jüngling, der sich eine Hochachtung erbetteln will, die nur bewährten Verdiensten gebührt. — Besonders hütet Euch in euerm Urtheil über die Nebenmenschen, eure Brüder. Menschenkenntniß ist so gewiß ein eigenthümlicher Vorzug des höhern Alters, als rosenfarbne Wangen und eine offene Stirn es von der blühenden Jugend sind. Suchet ja keine Ehre in der abscheulichen Empörung gegen das Ansehn eurer Eltern und Lehrer, oder in der Verschmähung eines Raths eurer ältern Freunde. Haltet doch die Uebereilung nicht für Fertigkeit des Geists; die liebenswürdigste Tugenden nicht für Schwachheiten welche wider die Freyheit der Seele streiten. — Aber daß Eure Demuth aus dem Herzen komme, und nicht die Maske eines geheuchelten Stolzes sey. Verschmäht jene feige Gefälligkeit nichtswürdiger Jünglinge, die durch eine gänzliche Unterwerfung ihres Redens und Thuns unter den Augenwink geist= und weltlicher Orakel ihr Glük zu machen suchen; oder auch den heuchlerischen Ton der Bescheidenheit, den der feinste Stolz gern zu einer Lokspeise aufstekt. — — Neben der eben erwähnten Tugend, meine Freunde! kenn ich dann keine, die so vorzüglich in das Gebiet euers Alters gehöre, als eine wohlgeordnete Wissensbegierde. Itzt seyd Ihr genau in dem Alter, wo alle die schönsten Gaben des Geistes, alles was Kunst und Wissenschaft heißt, sich zudrängen, um gebraucht zu werden. Itzt lassen sich in ein paar Jahren grössere Schritte in der Erkenntniß der Wahrheit thun als in zwölf vorhergehenden; auch vermuthlich grössere als ihr nachwärts nimmermehr thun werdet. Eure Seele steht itzt eigentlich der Wahrheit offen; keine Vorurtheile versperren neidisch den Zugang; kein niedriger Eigennutz findt noch seine Rechnung bey eigenem Betrug und fremdem Irrthum. Eure Einbildungskraft glänzt in der schönen Blüthe; das Gedächtniß ist unbelästigt, und Euer ganzes Gemüth eine meist unbeschriebene Tafel, wo vielleicht nur weniges — ausgekratzt zu werden verdient. Auf Euch allein kömmt es

an, ob Ihr den übrigen grossen Raum mit
Licht und Ordnung, oder mit Verwirrung und Possen anfüllen wollt. — Soll-
tet Ihr Euch zu dem lezten entschliessen,
so werdet ihr zwar in Gesellschaften schimmern, und vielleicht siegprangen können
in öffentlichen Versammlungen: Aber diese gleissende Wissenschaft wird Euch weder
Weisheit im Glück, noch Klugheit in Gefahren, noch Muth im Unglücke lehren.
Ihr werdet dadurch keine bessere Menschen, keine edlere Bürger, sondern aufs
höchste klingende Schellen im Staat und
in der Kirche werden. — Also, Ordnung
stehe vor allem aus Euern Studien beständig zur Seite. Setzet nie das Wesentliche
dem Ausserwesentlichen, das Nützliche
dem Angenehmen oder dem blos Schim-
mernden nach. Schweift nie in mehrere
Provinzen des unermeßlichen Reichs der

Wissenschaften auf einmal aus. Huschet nicht von einer kaum mit den Lippen berührten Wahrheit zu der andern ab; lest ein System nicht wie ein Historienbuch. Hütet Euch besonders vor der Geist und Zeit tödenden Bücherfresserey, die sich nur an den Titeln des menschlichen Wissens belustigt, und vor der seichten Journalkenntniß, die uns zu Sklaven bestochener Kunstrichter, zu Jöten und Auern macht. — Fleiß, unabläßiger Fleiß, meine Freunde! sey Euer zweyter unzertrennlicher Gefehrte auf der Bahn der Wissenschaft. Zwar ist nicht eine jede schwere Kenntniß auch eine nützliche Kenntniß; aber umgekehrt ist es ewig gewiß: Daß wichtige Kenntniß sich nicht im Traum erhaschen läßt; daß die Weisheit weder beym Frühstück noch bey der Toilette erscheint; daß sie sich am liebsten bey dem stillen Schein der

Nachtlampe, oder unter dem Flimmern der Morgenröthe ihren Lieblingen darstellt; daß sie früher als das Hahnengeschrey erwacht, und den eifrigen Freund mit ihren beßten Geheimnissen lohnt, wenn er ihr Morgens oder Nachts eine Stunde zum Opfer bringt, wo sonst der Leib sich in Trägheit wälzt ohne daß der Geist ruhen kann; oder ein paar Stunden des Abends, die sonst in dem Krais halbweiser oder thörigter Spießgesellen auf immer verlohren gehn. Berechnet einmal die Summe des wichtigen Gewinnstes, wenn ihr auf diese Weise täglich dem thätigen Leben einige Stunden zusezt; etliche hundert Stunden des Jahrs mehr, der Fertigkeit im Guten wiedmet; und, was noch unendlich wichtiger ist, so viele Zeit der entgegengesezten Fertigkeit in Thorheit und Lastern entziehet. O, Ihr alle meine wehrteste Freunde! die ich als meine Mitgenossen im Reiche der Geister, wie Kinder oder Brüder, liebe! Oeffnet Euer Herz dem treuen Rath des meinigen. Daß doch keiner unter Euch in Trägheit und Müßiggang verlohren gehe; daß doch keiner bey dem Halbwissen dessen still stehe, was ein rechtschaffener Mann ganz wissen soll; daß doch keiner wähne, sein besonderer Beruf entziehe ihn der Pflicht aller denkenden Wesen. Nach Tugend und Weisheit zu streben ist unser aller Beruf. Nicht Geschäfte sollen uns hieran hindern; denn dies ist selbst unser erstes und größtes Geschäft, und keine unsrer Fähigkeiten ist uns wohl umsonst von demjenigen gegeben worden, der so haushältersch in seinem überschwenglichen Reichthum ist.

Dieses, vortrefliche Zuhörer! wird überhaupt der Ton des Vortrags an die mir anvertraute Jugend seyn. — Noch sey mir vergönnt, den Vätern, die mir zuhören, schon zum voraus Rechnung von einigen Lieblingslehren abzulegen, die ich ihren Söhnen, ich weiß schon warum, von allen Seiten vorstellig machen will.

So werd ich, z. B. in dem Kapitel von der ehlichen Gesellschaft sie sorgfältig vor einer Klasse von Töchtern warnen, die durch ihren unsinnigen Aufwand den Ruin in ein Haus tragen, welches seine Umstände durch ihr eingebrachtes Vermögen thörigt zu verbessern wähnt. Mein möglichstes werd ich thun, daß ihre Wahl dafür auf eine Bürgerinn falle, in dem moralischen Sinn dieses Worts, die nach den Gesetzen des Vaterlands leben, und nach dessen Grundsätzen ihre Kinder erziehen will.

So werd ich ihnen ferner zum öftersten sagen: Wenn wir den wahren Werth eines Manns, den innern Gehalt seines Charakters kennen wollen, so laßt uns nach seinem Privatleben fragen. Auch die genaueste Erfüllung öffentlicher Pflichten hat nicht allemal rühmliche Absichten zum Grund; aber man ist ein guter Vater, ein treuer Gatte, ein redlicher Freund, aus reinem Herzen. Diese Tugenden werden weder mit Geld noch mit Ruhm bezahlt; und man erkennt den Censor Cato vornemlich an folgenden Zügen. „Dersel„be, (so erzählt uns Plutarch) sagte „öfters, daß er einen rechtschaffenen Eh„mann höher schätze als den größten „Rathsherrn. Er selbst ließ sich bey der „Niederkunft seiner Gemahlin durch kein „Geschäft abhalten, gegenwärtig zu seyn, „wenn das neugebohrne Kind gebadet „und eingewickelt wurde. Sobald einer

"seiner Söhne zum Verstand kam, führ-
"te er ihn zum Lesen an; und im Ver-
"folg lehrte er ihn selbst die Grammatik,
"die Rechte, die Ring- Fecht- und Reit-
"kunst; gewöhnte ihn Hitz und Frost zu
"ertragen, und über gewaltige und reis-
"sende Ströme zu schwimmen. — Er
"schrieb, wie er selbst sagte, viele Histo-
"rien mit eigner Hand und grossen Buch-
"staben aus den Geschichtschreibern ab,
"damit seine Söhne daraus die alten
"Begebenheiten und Gebräuche ihres Va-
"terlands lernen könnten. — In Gegen-
"wart seiner Kinder hütete er sich vor
"dem geringsten unehrbaren Wort, und
"trug vor ihnen wie vor den heiligen
"Vestalinnen Scheue. "Ich sehe in diesem Zeitvertrieb des Censor Cato nichts
Locales, wie die Sophisten zu reden pflegen, was der Römer thun konnte, das

kann auch der Zürcher thun. — Also blei=
ben die häuslichen Freuden des ehrli=
chen Mannes würdigste Erholung nach
der eigentlichen Arbeit des Lebens. —
Indessen erfüllen sie freylich nicht allemal
das ganze Bedürfniß des ermüdeten Geistes.
In solchen Stunden besucht der gute Bür=
ger am liebsten Gesellschaften, welche sich
zur Beförderung des gemeinen und beson=
dern Besten, in mehr oder weniger be=
stimmten Absicht vereiniget haben. Hier
finden wir ihn überall, wo er auch keinen
gegenwärtigen Nutzen sieht als den allge=
meinen, jenen öffentlichen Geist der Ge=
meinnützigkeit zu unterhalten, der sich dem
Geist des Eigennutzes und der Trägheit
gegen übersetzt, und in der Stille die wich=
tigsten Verbesserungen brütet. In derglei=
chen Gesellschaften wird er ein Thäter un=
ter Schwätzern seyn. Hauptsächlich wird

er den Akerbau, und die Künste von erster Nothwendigkeit zu unterstützen, und vor schändlicher Verachtung zu verwahren suchen. Er wird z. B. so genannte Säze gewissen Handthierungen darleihen, welche solche besonders bedürffen, und dadurch dem ganzen Publico unmittelbaren Nuzen schaffen.

Dergleichen Betrachtungen werden mich überhaupt auf den Begriff von der wahren Wohlthätigkeit führen. Der rechtschaffne Mann (werd ich fortfahren) kennt zwar die Gränzen seines Wirkungskraises, aber er geht, um diese Gränzen nicht zu überschreiten, ja nicht beständig rükwärts. Er sucht die Armen auf, damit er würdige finde. In seinen Augen ist der Gassenbettel ein wahrer Diebstal den seine Beförderer an der ächten Armuth verüben. Darum giebt er, neben dem öffentlichen

Almosen, keinen Heller ohne Rath denselben zu nutzen, und schaft lieber dauerndes Glück von wenigen, als zweydeutige Erquikung von ganzen Heerden.

Die wahre Quelle, warum indessen bey vielen diese thätige Liebe des Nächsten erkaltet, werd ich meine Zuhörer, so altfränkisch es immer klingen mag, in der herrschenden Ueppigkeit suchen und finden lassen. — Was ist Luxus? fragen die Sophisten. Was ist die Wahrheit? fragte der Römische Landvogt, und geheime Schaam stieg ohne Zweifel feuerroth sein Antlitz auf. — Die Wahrheit ist: Daß der Ueberschuß unnöthiger Ausgaben über unsre Einkünfte unnöthiger Verlust sey; daß Schulden nicht unter das Activvermögen, und feilgetragene nagelneue Mobilien nicht unter das Unentbehrliche gehören — weil man sie verkaufen kann. Die Wahrheit ist: Daß grosse Familien unter uns an den Bettelstab gerathen sind, deren Güter weder Diebe geraubt, noch Ungewitter verwüstet haben. Die Wahrheit endlich ist: Daß dasjenige Geld der Circulation eines Landes wenig nützt, welches für unnöthigen Aufwand unmittelbar ausser dasselbe geworfen wird. — Freylich sind die Begriffe von Entbehrlichem und Unentbehrlichem relative Begriffe, aber das irret den guten Bürger nicht; darum tritt er mit Freuden, nicht nur in den Buchstab, sondern hauptsächlich in die Absicht der Prachtgesetze seines kleinen Freystaates ein, der die mittlern Stände zum Maaßstab annimmt, nach welchem er allgemeine Gebote und Verbote abzieht, denen der Arme von selbst, und der Reiche um der Macht des Exempels willen sich gerne unterwirft. Sein redliches Herz fühlt füllt nicht selten die Lücken aus welche der Gesetzgeber gelassen, und oft unterläßt er das, was das Gesetz blos gewähnt hat zu verbieten.

Ueberhaupt, werd ich in meiner Lehre die schwesterlichen Ideen, bürgerliche Ordnung und bürgerliche Freyheit, beständig zu vergesellschaften, und unermüdet die schrecklichen Gefahren eines Staats zu schildern suchen, dessen Bürger allenthalben Freyheit sehen, wo Verwirrung herrscht, und Despotismus in jeder Regelmäßigkeit; die ihre Freunde für Tyrannen, und ihre Feinde für Volksfreunde halten. Ich werde den Wahn auszureuten trachten, daß gute Policey nur in Fürstenstaaten gehöre; und hinwieder laut und ausdrücklich sagen, daß keine Republick sey wo Sicherheit der Leiber, Ehre und Güter im geringsten zweydeutig, und keine

E

Einzelherrschaft, wo solche unstreitig anzutreffen sind.

Die ältern unter meinen Zuhörern werd' ich bey allen Anläßen mit dem Gedanken so innig vertraut zu machen suchen als innig ihn mein eigen Herz fühlt: Daß sie ja niemals mit dem Pöbel eine öffentliche Bedienung für ein beneidenswerthes Privatglück ansehen sollen; aber eben so wenig für eine Last deren man sich entziehen dörfte. Also (werd ich ihnen oft, und nie genug wiederholen) also braucht ihr Euch weder unmäßig zu freuen, noch hinwieder zu fürchten, meine Freunde! wenn Eure Mitbürger Euch jemals mit dem Zutrauen beehren sollten, ihre Beamtete, und Diener ihrer Gesetze zu seyn. Fürchtet vielmehr Gott, liebet das Volk, und ehret die Gesetze! Aber alle dreye ungeheuchelt.

Fürchtet Gott! Denn die Furcht Gottes ist, neben anderm, eben darum, wie unsre H. Schriften sagen, ein Anfang der Weisheit für den Regenten, weil eine falsche Staatsraison nicht vor ihr bestehen kann.

Liebet das Volk! mit einer Stärke die keinem Zufall unterworfen ist, und mit einer Aeusserung die nichts entlehntes hat. Es ist Euers uneingeschränkten Wohlwollens würdiger, als Schriftsteller die ihr Glück suchen, oder Staatsleute die sein Zutrauen durch zweydeutige Dienste verscherzt haben, Euch bereden möchten. Dazu nun braucht es weder Schmeicheln noch Händedrücken, weder die sogenannte Wagschale auf beyden Schultern, noch die strafbare Gefälligkeit, womit ein Diener des Volks, der von der Bürde seines Amts nichts fühlt, als die Furcht solches zu verlieren, das gemeine Beßte dem Vortheil besonderer Stände zum Opfer bringt: Sondern lediglich Einsicht und Wohlmeynnung die schon auf der Stirne glänzt, und unzweydeutig den Lichtquell der Tugenden ankündigt, der in dem Herzen sprudelt.

Ehret die Geseze! und übet sie mit einem heiligen aber ungefälschten Eifer aus. Nähret Euch mit ihrem Geist; aber richtet nach ihrem Buchstab. Anderst wird die Auslegung Eurer vermeynten Weisheit, die Euch heute einen Freund erhält, von dem künftigen Geschlecht der Richter aufgeschlagen, und tödet vielleicht Eure eignen Söhne. — Uebet die Gerechtigkeit unpartheyisch aus: Nicht nur gegen Arme und Reiche; dieser Begriff ist noch viel zu enge: Auch gegen die Bösen; nichts ist einer aufgeklärten Weisheit angemeßner: Auch gegen Feinde! Ihr werdet nicht selten mit dem Arm der Gesetze den Arm beschützen müssen, der Euch oder die Eurigen verletzet hat, und Euch noch weiter beleidigen kann. Und doch meine Freunde! ist vielleicht keine Tugend, nach einer geringen Uebung, leichter als diese Liebe der Feinde: Denn ihr Lohn ist groß, und äussert sich an ihren Jüngern unmittelbar durch die erhöhete Energie unsers ganzen moralischen Wesens. — Ehret einen jeden Stand, der für das Tribunal der Gesetze tritt. Wer z. B. die Vorurtheile des Handwerkers, d. i. die Grundsätze, wie ihm solche seine Erziehung gab, hart anredet, und seine Begriffe mit der Breitaxt verfeinern will, macht ihn zum Märtyrer seines Irrthums, und zu einem entschloßnen Feind des gemeinen Wesens. — Aber wer gar den

Armen um seiner Armuth willen verachtet, der verachtet (sagt ein sehr weiser Richter) seinen Schöpfer: Wer ihn unwillig anfährt, raubt ihm seinen Sachwalter; denn er lähmt seine stotternde Zunge, und löscht das beredte Licht seiner Augen aus. Hütet Euch vor der entsetzlichen Uebereilung, welche die Gerechtigkeit lieber schnell riechen, als behutsam untersuchen will, und die Parteyen mit Ungeduld an den Schranken der Tribunale vorüber jagt. — Laßt niemals die Ehre einer Parthey von der andern tödtlich verwunden: Bedenkt, daß es unmöglich sey, solche, erst nachdem sie verblutet hat, bestens zu verwahren: Und Gott, der gerechte Richter, erbarme sich Euer am Tage des lezten Gerichts, wenn ihr jemals die eine Parthey zu blendenden Gründen auffodert; dagegen ruhig stillschweigt, wenn die andre ihre Unschuld, in dem Lauf ihrer Vertheidigung, selber mit schwachen Gründen verdunkelt, oder die stärksten vergißt, und ihr auf dergleichen Versehen Euern Urtheilspruch gründet. — Euere Mitrichter aber umfangt mit herzlichem Wohlwollen, dessen sie nur eine erklärte Unwürdigkeit berauben soll. Ihre Zweytracht oder ihr Mißtrauen, ist nicht selten die Quelle von abscheulicher Unordnung und schreyender Ungerechtigkeit. Aber ihre Eintracht hinwieder bestehet weder in einem verächtlichen Ordensgeiste, noch in der kühnen Zuversicht womit eine Gerichtskammer auf ein falsches Ziel zu rennt, noch in dem Marionettenspiel eines stummen Beyfalls; sondern die reine Güte ihrer Absicht ist der Brennpunkt, worinn, mitten in dem glänzendsten Kampfe für Recht und Wahrheit, ein jeder sich und seine Mitrichter allemal wieder findet. Wenn aber eine Vereinigung ihres Urtheils unmöglich ist, die sie weder erkünsteln, noch aus einem falschen Ehrenpunkt aufschieben, noch durch Starrsinn unmöglich machen sollen, so unterwirft sich der wohlmehnende Richter der bindenden Kraft der Mehre mit heiterer Beruhigung, und mit eben der Ehrfurcht, die er den Gesetzen selber schuldig ist.

In Absicht auf den unter uns erwachenden, und in seinem Ursprung allemal löblichen, doch oft übereilten Neuerungseifer, werd ich meinen Zuhörern den Grundsatz des Suetons: Daß ein allgemeines Wesen durch die nämlichen Maximen erhalten werden muß, nach welchen es gestiftet worden — folgendermaßen zu umschreiben suchen. Die ununterbrochene Dauer einer gesetzlichen Verfassung (werd ich ihnen sagen) beweist zwar wenig für den innern, aber viel für den verhältnißmäßigen Werth derselben. Dieser leztere nun ist das höchste Ziel des Gesetzgebers, und soll auch der beständige und einzige Gesichtspunkt derer seyn, welche sein Werk verbessern wollen. Bey veränderten Umständen gelingt es vielleicht der Nachwelt, jenen, den innern Werth einer alten Stiftung, zu vergrössern: Vielleicht aber müssen, mit einer Verläugnung, die dem Verstand Ehre, und dem Herzen keineswegs Schande macht, die Enkel bisweilen sogar nachsichtiger gegen die Gebrechen und Schwachheiten eines Volkes werden als es die Aeltervater gewesen sind. Die Zeiten verändern sich: Ganz gut! Haben sie sich aber auch gerade in demjenigen Punkt verändert, darum es in einem vor sich liegenden Fall zu thun ist?

Diese Betrachtung, nicht überhaupt der neue Ton oder Colorit eines Zeitalters, muß die Basis heilsamer Reformen werden. Es ist uns beym Alten wohlgegangen. Abermals gut! Und Grund dafür? Ohne Zweifel weil dieses alte allen Umständen angepaßt wurde. Aber dieses Verhältniß ist auf dem Sprung einer Veränderung, oder gar schon wirklich umgekehrt; es wird also beym Alten nicht mehr gut gehen, und wenn wir das Loblied desselben aus allen Stimmen anheben wollten. Indessen ist eine wohlverstandene Verehrung des Alterthums ein Zug der Weisheit, nicht des Blödsinns, und die Aushöhnung desselben nicht der Stempel des Starkdenkens, sondern die eigentliche Uniform politischer Faquinerie. Will man wissen warum? so bedenke man nur: Einmal, daß die Stifter einer alten Einrichtung wenigstens, so gescheute Leute seyn konnten als wir; und hiernächst, daß sie ihrem eignen Werke näher waren als ihre Kunstrichter. Warum hinwieder das Geschrey gegen alle Neuerungen, dieser beliebte Morgen- und Abendsegen der Unwissenheit, ein erbärmliches Geschrey sey, erhellet aus der ganz einfältigen Betrachtung, wie einzele Menschen, sowohl als ganze Staaten, durch eigne und fremde Erfahrungen, täglich weiser werden können. Denn man kann freylich die ganze Geschichte, und ganze Welttheile, und ein Nestoralter dazu durchwandern, und doch am Ende ganz unerfahren unter sein väterlich Dach wieder einziehn.

Und endlich werd ich bey jedem sich ergebenden Anlaaß allen edel und frey denkenden Jünglingen unter meinen Zuhörern eine Klugheitsregel einzuprägen suchen, womit ich auch diese meine Rede beschliessen will:

„ Junger Mann! Verbirg, verbirg vor
„ den Augen des Pöbels den heiligen En-
„ thusiasmus der Tugend. Wenn du
„ Einsichten hast, so erleuchte durch dei-
„ nen Umgang, deinen Wandel; und,
„ wenn du nach langer Prüfung Talen-
„ te genug in dir findest, durch Schrif-
„ ten, deine Mitbürger und dein Zeital-
„ ter. Aber stürme nicht: Rede, schreibe
„ nicht ungezogen. Donnre nicht gegen
„ das Laster, ausser wo du sicher bist es
„ zu zerschmettern; sonst wirst du nur
„ den Spötter zum Spott, oder gar
„ zur Lästerung deiner Grundsätze reizen,
„ und Irrthum und Bosheit noch fester
„ gründen. Darum aber behüte mich
„ Gott! daß ich dir jemals mißrathen
„ sollte, der Wahrheit lautes Zeugniß

„ zu geben, wenn sie Zeugniß von dir
„ fodert. Wo in deinem Wirkungskreise,
„ der sich täglich vergrössert, etwas Gu-
„ tes zu befördern, oder Böses dauerhaft
„ zu wenden ist; wo Mißbräuche zu he-
„ ben, schwere Eyde treu zu erfüllen
„ sind — da gehe unerschrocken deinen
„ Weg fort, und sehe ja die Zwerge,
„ die dir aufstossen, nicht für entsetzli-
„ che Riesen an; sonst erliegst du unter
„ einem unnützen Schweiß ehe du am
„ Ziel bist. — Es ist ein rührender Con-
„ trast einen Mann zu sehen, der, wo
„ die Noth es erheischet, Ehre, Glück
„ und Leben für die gute Sache wagt,
„ und in öffentlichen Versammlungen mit
„ antikem Ernst die nackte Wahrheit
„ versicht: Dabey aber sanft und dul-
„ dend, ein Freund von allem was
„ menschlich ist; würdig handelt auch

„ wenn er zörnt, und lieblich spricht auch
„ wenn er eifert. Kurz, der, Gott und
„ Menschen gefällig, der Wahrheit und
„ Tugend darum allemal das reinste
„ Zeugniß giebt, weil er sie ausübt. „

# Jaques und Lise.

Keine Geschichte — und doch kein Traum.

# Fragmente.

— Die erste Anlage von Jaques des Gürtlers Wohlstand war nicht sein eignes, sondern schon das Werk seiner Eltern. Von diesen hatte er eine Erziehung — nicht thörigt über seinen Stand, aber beynahe über ihr Vermögen genossen. Ein solcher grandioser Effort des Vaters, wenn er, wie gesagt, von einem richtigen Gesichtspunkt ausgeht, schlägt selten fehl. Ihn spornt die Liebe, den Sohn die Dankbarkeit, und beyde die Ehre an, die ungewohnte Bahn, welche in ihrem Haus betreten wird, in den Augen eines Publikums zu rechtfertigen, welches sich, aller Erfahrung zu Trutz, nicht so leicht ausreden läßt, der Adel müsse an die Nobili, Jurisprudenz an Kapitalisten die auf hohen Schulen geigen gelernt, und der Reichthum an die grossen Kaufmannshäuser gebunden seyn. Allein, was kümmert das unsre guten Leute? Sie gehen ihren Weg in der Stille, nicht unbeneidet, aber doch unverspottet fort; denn ihre ungeheuchelte Bescheidenheit verwirret, beschämt, und gewinnt zulezt alle Eifersucht, und alles Splitterrichten. Jaques Vater — ein wahrer Held, obgleich ihn die Geschichte niemals nennen wird — sizt desto åmsiger auf seiner Kunst, die Schwestern arbeiten in die Nacht hinein, damit der Bruder und Sohn sich um so viel eifriger nebenhin, dem Brodkorb unbeschadet, noch auf andre Wissenschaft legen kann. Unglaublich — aber nichts desto minder natürlich — geschwind und groß sind die Progresse unsers Jünglings: Da er sich in seinen Studien nur auf das wichtigste legt; auf das was wissenswürdig für ihn, für einen Bürger seines Staats, — kein Bücherfresser ist, viel denkt, wenig liest, und alles verdaut; da er zu keiner Schule, zu keinem Haupt, und wenn es auch mit einer Glorie umwunden wäre, zu keinem noch so auserwählten Häufgen, oder gelehrten Misthaufen — sondern einzig zu einer männlichen Vernunft, zu dem Vaterland, zu einem von Menschentand gereinigten Christenthum schwört; da er hiernächst weiß, wie sehr er seine Stunden zu Rath halten muß, und mit allem guten Willen seiner Eltern und Geschwister sich nicht erlauben würde, auf Unkosten desjenigen Berufs, welcher ihr Hauswesen auf seine gegenwärtige Blüthe gebracht, und bald auch die gründlichste Basis seiner eignen Oekonomie seyn und stets bleiben wird, aus der Anbauung seines Geists noch zur Zeit sein Hauptgeschäft zu machen, so hörst und siehst du ihn den ganzen Tag in seiner Werkstätte; da ist ihm, so gut als dem ärmsten Müdling unter seinen Mitmeistern, keine Arbeit zu rohe oder zu niedrig: Und doch hat er nicht nur seine bestimmte Stunden wo er den Wissenschaften obliegt; sondern er besucht die Kanzley, führt in etlichen Dikasterien eine meisterhafte Feder, und ist eines der brauchbarsten Mitglieder für ein paar Gesellschaften die sich seit etlichen Jahren in unsrer Stadt zu Beförderung des gemeinen und besondern Besten zusammengethan. — Wie das möglich sey? — Es muß es wohl seyn, wie so viel andre seltene Phänomene, welche wirklich sind. Indessen geht doch das Wunder, wie wir gesehen, ganz natürlich zu. Wer seine Stunden einzutheilen und zu benutzen weiß; wer wie unser Jüngling die grosse Kunst versteht, worin, so wie in jeder andern, freylich erst eine lange Uebung den Meister macht; nämlich sich von einem Geschäfte nur bey einem andern, und nie beym Nichtsthun zu erholen; wem zumal Arbeiten für sich und den Nächsten, wenn es auch keinen Heller einträgt, an und vor sich selber eine Lust ist, weil er die gewissenhafte Anwendung aller Kräfte, die uns Gott gegeben, für des Menschen höchste Pflicht achtete; der wird gleichsam einen jeden Augenblick zu verdoppeln, oder, um buchstäblich wahr zu reden, einem jeden Tag seines thätigen Lebens etliche Stunden hinzuzusetzen wissen. — Sollte uns aber hier ein ächt deutscher Studiosus Theologiä, nach dem Schlag unsrer Siebenzigerjahre, einwerfen: Ein solch künstliches Fretten durch die Welt, laufe gegen Natur und Offenbarung; jene verbiete uns aus Nacht Tag zu machen, und gönne einem jeden Vieh mit und ohne Federn seine Ruhe; und diese, die Offenbarung, sage uns aus dem untrüglichen Selbstmund unsers Erlösers, der Sabbat sey um des Menschen, und nicht der Mensch um des Sabbats willen erschaffen, — so wollen wir mit aller Antwort inne halten, bis er und seine zahlreiche Brüder einmal aufhören, Sommer und Winter, Tag und Nacht, an Sonn- und Werktagen sich auf die tropfschlägigste Bärenhaut, auf die commode

Schöngeisterey, und den noch bequemern Wunderglauben in göttlichen und menschlichen Dingen zu legen, oder feuerfangenden Weibsen nachzulaufen, um aus ihnen kehrum Sünderinnen und Magdalenen zu machen. — Wir kömmen auf unsern Jüngling zurück, der von so blühender Gesundheit, und immer so munter als bedeutete Herren ist; nicht so lang, aber besser schläft wie sie, weil er im Schlaf keine Grillen fängt, und sie wachend noch minder drucken läßt; weil er müde Glieder, aber ein in jeder Rücksicht nüchternes Haupt zur Ruhe legt, und Morgen lediglich für ihn ist, was Heute war, das wohl eingetheilte Tagwerk eines zärtlichen Sohns, eines gefälligen Bruders, eines klugen Herrn seines Gesinds, eines geschickten, ämsigen, ehrlichen Handwerkers; eines redlichen, dienstbaren Nachbars;

eines Menschenfreunds, der um so viel
werkthätiger ist, da er nicht auf Cosmo-
politerey ausreitet, sondern seine Kräfte
kennt, aber, mittlerweile er sich in seinen
Wirkungskreis bannt, denselben unvermerkt und täglich vergrössert; kurz eines frutigen, brauchbaren jungen Mannes,
der nun immer mehr zu einem von jedermann geehrten und geliebten Bürger her-
anwächst — Wird er reisen? Sein Vater
hätte grosse Lust darzu; und wirklich hat
er, besonders zu diesem Endzwecke, schon
seit geraumer Zeit einen nahmhaften Eh-
renpfenning beyseite gelegt, und in hiesi-
gem Stadtbanco flüßig gemacht. Seine
Kinder und sogar die Mutter wußten kein
Wort davon. — Die freudige Bestürzung,
da sie an einem Abend die erste Nachricht
von dieser namhaften Hinterlage des Fleis-
ses, der Ordnung und Sparsamkeit in

ihrem Hause erfuhren, war nicht so groß, als die Bewunderung ihres Sohns und Bruders, der heute zum erstenmal sich erkühnte, seinem Vater zu widersprechen, dessen geheimste Wünsche er sonst als Befehle zu verehren gewohnt war; und nämlich mit dem liebenswürdigsten Nachdrucke vorstellte: " Daß er sichs sein Lebtag
„ nicht verzeihen könnte, wenn er diesen
„ gefundnen Schatz, an dessen Erwerbung
„ seine Schwestern, und ein zweyter Bru-
„ der so gut als er, obgleich ohne ihr
„ Wissen, mitgearbeitet, einzeln, und
„ noch dazu mehr zu eitler Zierde, als
„ zu seinem wahren Vortheil zerstreuen
„ würde. Lieber sollte man den Zuwachs
„ dieser Summe ferner, doch ohne Geld-
„ eifer, und kurz nach den gleichen Ma-
„ ximen, wie solche bisher zusammenge-
„ legt worden, mit vereinten Kräften be-

„fördern. So könnte die kluge Vorbe-
„trachtung der väterlichen Liebe in
„Rücksicht auf ihn selber vielleicht am
„sichersten und ausgedähntesten erreicht,
„hauptsächlich aber in gleichem Maaße,
„und zu ähnlichen Absichten auf alle sei-
„ne Geschwisterte erstreckt werden. Frey-
„lich dürften und werden sie hoffentlich
„sämmtlich nichts bessers wünschen, als
„seiner Zeit ihr hinreichendes Brod, mit
„ihrem Kopf und ihrer Hand, in der Ehre
„der Unabhängigkeit zu erwerben. In-
„dessen wißten sie wohl, wie wichtig es
„für die Söhne seyn müßte, ihren künf-
„tigen Beruf und Oekonomiewesen mit
„einem baaren Satze anzufangen; und
„wie empfehlend für ihre Schwestern ei-
„ne noch so bescheidene Mitgift, um sie
„ganz unvergleichlich besser an den Mann
„zu bringen. Zu geschweigen, daß das

„kleine Erbgut eines Handwerkers, ge-
„nau weil es niemals seinen wesentlichen
„Reichthum ausmacht, auch darinn seinen
„Kindern, und gerad ihnen z. E. tref-
„lich zu statten käme, weil es sie stets
„an die ganze Schwürigkeit ihres Stands,
„mit Rührung an ihren Vater, und
„damit an seine kluge Maaßregeln, und
„die leichteste Weise erinnern werde, den
„schweren Knoten aufzulösen „ — Bey
dieser Instanz unsers Jünglings, (die uns
am besten zeigt, wie kurzsichtig es sey, zu
wähnen, daß wahre Erleuchtung in den
Handwerksstätten den Kopf aufbläht,)
kannst du dir vorstellen — wie die haus-
hältersche Mutter ihm Beyfall zunickt,
der ältere Bruder an ihn wie an einen
Prophet hinaufsah, und den Schwestern
das Herz vor frohen Außsichten groß
ward. Von eigentlichen Thränen ist mir

nichts erzählt worden; denn man ist in diesem kernhaften Hause nicht gestimmt, bey jedem ungewohnten Auftritte das Augenwasser zu lösen. — Nur der gute liebe Vater konnte sich so leichter Dinge nicht zufrieden geben; er baute auf seine Lieblingsidee eines gereisten Sohns Schlösser, welche er auf sicherere Fundamente hätte gründen können, da sie sich wirklich — ohne Reise — wahrscheinlich noch bey seinem Leben erwahren werden. Doch wir wollen sehen. Unser Jüngling wußte endlich so geschickt zu kapituliren, — daß er sich zu verschiedenen kleinen Schweizerreisen verstuhnd, die er Jahr für Jahr in etliche Orte thun wollte, und wovon er sich, wo nicht erheblichen Nutzen, doch ein lebhaftes, unschuldiges und seinem Genie eben sowohl als seinen Umständen angepaßtes Vergnügen versprach — welches, dacht er bisweilen, doch auch nicht der letzte Zweck des Lebens ist. Und wirklich übertraf die Frucht von diesen Zügen, die er das eine Jahr im Sommer in ein paar Bergcantone, das andre im Winter in eine von den Eydsgenößischen Städten vornahm, seine schönste Hofnungen, und wird auf seine künftigen Schicksale einen wichtigen Einfluß haben. Da er sich jedesmal gründlich vorbereitete, aus den bewährtesten Hülfsquellen die erfoderlichen Notizen sammelte, also wußte wornach er sich an jedem Ort vorzüglich zu erkundigen hätte, sich mit den besten Empfehlungen versah, und, wo ihm solche allenfalls abgiengen, schon durch sein einnehmendes Aeusserliches, durch jene glückliche, seltene Mischung von Bescheidenheit und Freymüthigkeit, durch seine Einsichten, und die edle Popularität, womit er sie an den Mann zu bringen wußte, allenthalben einen leichten Zutritt erhielt, so geht es über allen Glauben, mit was für wichtigen Bekanntschaften, und interessanten Kenntnissen zu seinem Privat- und öffentlichen Gebrauche bereichert, er von solchen Reisen zurückkam, von denen selten eine länger als vier bis sechs Wochen dauerte, und jede ihn höchstens seine sechs bis acht Louisd'or kostete. In Zeit von acht bis zehen Jahren (er fieng in seinem siebenzehenten diese im eigentlichen Sinne philosophische Wanderschaften an) also in seinem fünf und zwanzigsten bis sieben und zwanzigsten Jahr kannte unser junge Mann die Staats- Bürgerlichen- und Militär-Verfassungen der meisten Orte und Zugewandten, ihre Kräfte und Schwächen, ihre Produkte, ihr äusseres und inneres Verkehr mit Nachbaren und Fremden, ihre Politik, ihre Unterhandlungsmaximen, das Maaß ihres bundsbrüderlichen Zutrauens gegen uns und andre Stände; die Personen, welche nicht bloß am Steuer sitzen, sondern dasselbe wirklich regieren; an dem einen Orte den Bürgermeister, an dem andern des Schultheißen Frau, an dem dritten einen gemeinen Landrath und Sprecher, an dem vierten einen Beichtvater, an dem fünften einen Banquier u. s. f. u. s. Ferner allenthalben die beßten Köpfe aus dem Kriegs = Gelehrten = und Nahrungsstande; die erfahrensten Officiere, die duldsamsten und beredtesten Geistlichen, die vorzüglichen Handwerker, die geschicktesten Landwirthe; und was er kannte, das war aus dem Grund; und wen er zu kennen vorgab, den kannte er wirklich, so daß sich auf seine Nachrichten, mit denen er sehr behutsam umgieng, etwas wichtiges bauen ließ. —Er hatte die gedruckten und geschriebenen Nachrichten unsrer Schweizerischen Erdbeschreiber und Staatisten an jedem Ort auf der Stelle verbessert; neben die Theorien der Constitutionen, auch die mehrere und mindere Abweichungen — kurz die Praxis des heutigen Tages zuverläßig beygefügt; das Leuische Stadt- und Landrecht, ein Buch, das so mancher Staatsmann und Richter in unsrer Eydsgenoßschaft kaum dem Namen nach kennt, mit geringer Mühe ergänzt, und von den Dreyßigerjahren an fortgesetzt; aller Orten die wichtigsten Polizeysatzungen gesammelt, und auch hier vorzüglich auf den Methodus und auf die Geflissenheit der Ausübung sorgfältig Acht geschlagen. Besonders aber war der Briefwechsel, den er bald in allen Eydsgenößischen Städten, Hauptflecken und Municipalorten,

orten, mit wohldenkenden, vertrauten, und einsichtsvollen Männern aus jedem Stand angebahnt, für ihn und seine Freunde eine Quelle von stets fürdauerndem Nutzen und Vergnügen. Da er denselben zwar fleißig, aber in der Stille, und weder aus Eitelkeit, noch bloß um seiner Correspondenten oder seine eigene Neugierde zu stillen, unterhielt; da er sich um schlüpfrige Anekdoten, und unerhebliche Naturbegebenheiten überall nicht, und um wichtige Geheimnisse niemals zur Unzeit erkundigte; kurz da er diese Mittheilung von Gedanken und Nachrichten stets nur zu den edelsten und erheblichen Endzwecken gebrauchte, und niemals mißbrauchte, so konnte dieselbe, so wenig für ihn als für seine Freunde, weder gefährlich, noch beschwerlich, noch kostbar werden, keinem Menschen schaden, und öfters von höchster

G

sprießlichen Folgen seyn. So viele seiner Mitbürger erfuhren dieß zu ihrem Glücke; da er so manchen Jüngling aus seinem eignen Stande bey den beßten Meistern zu Bern, Basel, Schafhausen, Genf, u. s. f. unterzubringen, für die Herrensöhne sich nach den bewährtesten Pensionen zu erkundigen, und verschiednen jungen Geistlichen die vortheilhaftesten Vicariate, Gouverneurs- und andre solche Interimsstellen zu verschaffen wußte. An ihn wandten sich seine Compatrioten, wenn einer aus ihnen an andren Eydsgenößischen Orten, in Ehe- Erb- Schuldsachen u. s. f. einen nach unsers Mannes Sinne gerechten Handel zu führen hatte; denn er kannte von jeder Stadt und Land den kürzesten Rechtsmarsch, die geschicktesten und redlichsten Sachwalter, besonders aber in den meisten Raths- und Gerichtsstuben die einsichtigsten, eifrigsten und reinsten Liebhaber der Gerechtigkeit und jenes wahrhaft königlichen Gleichrichtens gegen Arme und Reiche, Fremde und Heimsche. — Schon verschiedene Male verhütete er durch die Bekanntschaften und das Zutrauen, welches er sogar in allen namhaften Klöstern, und sonst bey den wichtigsten Personen der Schweizerschen Katholischen Geistlichkeit genoß, jene unordentliche und leichtfertige Apostasen solcher Personen, die der Kirche, zu welcher sie übertreten, gewöhnlich mehr Schimpf und Schaden bringen, als sie derjenigen Schabernak anthun, von welcher sie abtrünnig geworden sind. Vor etlichen Jahren erholte er sich große Ehre und Dank bey einem benachbarten Stand sowol als bey seiner eignen Obrigkeit, da er mit vieler Geschicklichkeit eine hiesige leichtsinnige Bürgerstochter vermochte, ein Eheversprechen freywillig zurückzugeben, welches ihr ein Taugenichts aus einem der größten Häuser an gedachtem Ort gethan, und das, wenn darauf wäre beharrt worden, wegen verschiedener mit unterlaufender Umständen, wahrscheinlich die beyden Stände scharf an einander gehetzt hätte. — Und überhaupt, da er die gewöhnlichste Quellen der etwanigen Händel und des Mißtrauens zwischen andern Helvetischen Staaten und dem unsrigen funditus kannte; wußte, was meist für seltsame Vorurtheile, Mißverstand, und gelehrte Unkundigkeit von der einfältigen aber wahren Bewandtniß der Sachen, dabey waltete, so war es ihm nicht selten ein leichtes, die ersten Funken solcher Zerwürfnisse zu ersticken, welche sonst eine vieljährige Correspondenz, kostbare Gesandtschaften und Congresse eher angeschürt als zu löschen vermocht hätten. Ich müßte einerseits verrathen, was die Bescheidenheit unsers Mannes, und sein einziger Wunsch auf diesem noch nie betretenen Pfade ferner zu nützen auf immer verbergen wird: Und anderseits würd ich über die Schranken meines Vorsatzes bey seiner Charakter-Schilderung hinausgehn, wenn ich die Fälle benamsen, und im Detail erzählen wollte, wie sein behutsamer, richtiger und nüchterner Patriotismus in jedem zu Werke gieng. Nur so viel darf ich nicht unbemerkt lassen, daß er so wenig zu denen gehört, welche wähnen, daß ihr Vaterland in allem was es anspricht oder verweigert unmöglich unrecht haben; daß Recht, Billigkeit und Wohlmeynen in einer Nuß stets auf seiner Seite, und im höchsten Grad vereiniget sey; daß er, sag ich, so wenig ein solcher Nationalstökling und Zelot — als hinwieder einer von jenen, soidisant alteydsgenößischen, im Grund aber ganz neumodischen politischen Hudlern, sondertrutischen Friedensfürsten und Liebherzen ist, welche anstatt sich bey Nachbarn oder Fremden durch strenge Gerechtigkeit und wohlverstandene Billigkeit geehrt, und durch eine edle Standhaftigkeit gefürchtet zu machen, lieber von denselben verachtet, d. h. nach ihrem Sinne — durchaus von ihnen geliebt seyn wollen; und dergestalt, mittlerweile sie nach einem ewigen Frieden jagen, in der That den Unfrieden und unbefugte Gelüste theils aufwärmen, theils erzeugen, und denselben durch Aufdeckung der eigenen Schwäche eine ganz neue Stärke leihen. — Man glaube aber, wir können es nicht genug wiederholen, man glaube nur nicht, daß unser junge

Mann, der in allem, selbst in seiner Leidenschaft nützlich zu seyn, Maaß und Ziel zu beobachten wußte, sich mit diesem seinem Geschicke auf irgend eine Weise hervorzudrängen suchte. Die Anläße mußten einerseits sich ungezwungen darbeuten, anderseits erheblich, und er eines glücklichen Erfolgs, oder wenigstens davon versichert seyn, daß er nie aus Uebel ärger machte, ehe er sich in das geringste Labyrinth einließ. Je wichtiger der Dienst war, den er geleistet hatte, um so viel sorgfältiger, und für eine desto längere Weile zog er sich wieder in die Dunkelheit, und, wenn ich so reden darf, bis an die Ohren in seinen Beruf zurück. Denn er wußte wol, daß nichts weniger als unsre gute Handlungen an und für sich selber, sondern einzig das Aufsehen, Lob und Ruhm, die sie uns erwerben, es sind, welche den

Neid und die Lästerzungen rege machen, und uns beynahe die Verfolgung und die Unruhe auf den Hals ziehen, als ob wir so viel Böses gethan hätten. Und eben darum ist das innere Bewußtseyn, nebst dem stillen Beyfall der wenigen Rechtschaffenen und Weisen, der menschlichen Tugend nicht bloß süßester, sondern auch der einig sichere Lohn. — Neben dieser Betrachtung rührte ihn noch eine andre: Daß er sichs nämlich wirklich eben so sehr zum Verdienst rechnete, (welches ihm leyder so wenige mißgönnten,) Jahr aus Jahr ein in seinem Hause ein schlecht und rechter Bürger, als von Zeit zu Zeit ausser demselben ein Held zu seyn. Da haben wir ihn oben verlassen, und wollen ihn da wieder suchen, wo er sich selbst am liebsten finden ließ. — Im Winter, meist ein Paar Stunden vor Tag, im Sommer stets noch früher als das Gesind, triffst du ihn vor allem aus bey der schönsten Morgenandacht, bey einer sorgfältigen und gewissenhaften Ueberlegung an, wie er sein heutiges Tagewerk auf Erde, nach der Absicht seines weisen Schöpfers, und nach seiner besondern Lage in der Welt, am bessten und fruchtbarsten für sich und andre einrichten kann; was zuerst, mit allfälliger Beyseitsetzung alles übrigen, gethan seyn muß, was zuletzt; und jedes wie und in welcher Ordnung; was verschoben werden darf; was zurück gewiesen werden soll, ungeachtet es sich aufdringen will; ob und wie fern heute seine Gegenwart in der Werkstätte entbehrlich oder unentbehrlich sey; wie die Arbeit unter die Hülfshände vertheilt, und einem jeden nach seinen Fähigkeiten zugeschnitten werden muß; kurz, wie er gleichsam alle Kräfte

seines Hauses benutzen, die Lücken ausfüllen, die Schwierigkeiten eben machen,
die Mängel mit Klugheit und Sanftmuth
verbessern, besonders aber sein eigen Herz
und seinen Kopf regieren will, daß sie niemal ausschweifen in eitele Entwürfe, über-
spannte Begriffe von seinen eignen und
anderer Pflichten; oder hinwieder von
trüglicher Selbstgefälligkeit sich einschlä-
fern, durch das Exempel verführen, von
irgend einem feinern oder gröbern Vorur-
theil des Ansehens sich irre machen lassen,
auf ein bestimmtes und wohl ins Aug
gefaßtes Ziel loszugehn. —

Nun geht es, nach kurz eingenomme-
nem Morgenbrodt an die Arbeit selber.
Bey den herannahenden Schwachheiten
des Hausvaters vergilt sein edelmüthi-
ger Sohn die Musse reichlich, welche ihm
in seiner Jugend zur Anbauung seines Gei-

stes vergönnt wurde. Weit entfernt, daß er nun ganz zur Unzeit den Herrn spielen, mit aufrechtem Rücken fremden Geschäften nachlaufen, der alte Mann hingegen in der Werkstätte fortschwitzen, und überhaupt Eltern und Geschwisterte vor dem Hochgelehrten und ansehnlich bemühten Sohn und Bruder die Kniee beugen sollten, — wie man etwa derley ärgerliche Zerrüttung der Ordnung der Natur an N. N. Hause sehen kann, — erblicken wir hier ein ganz anderes Schauspiel. Unser treffliche junge Mann nimmt an Weißheit und an Jahren, aber eben darum in gewissenhafter Erstattung seiner eigentlichen und nächsten Pflichten täglich zu. So wie ehemals sein Vater, ist er itzt, nicht bloß das vornehmste Auge, sondern auch der geschickteste und geflissenste Arm im ganzen Haus. Er weiß viel zu wohl, daß der Schutzgeist einer Handwerksökonomie sich mit Arbeiten niemals, wol aber mit Marottenfangen verunehren kann. Nie war das erstere unentbehrlicher, nie gefährlicher das letztere, nie kritischer die Lage der Seinigen und seine eigene, wie zu dieser Stunde. Vater und Mutter rückten dem Grabe, er selber dem entscheidenden Schritt einen eigenen Rauch anzufangen, sein Bruder der Mannbarkeit, und seine Schwestern einer Versorgung, also dieses ganze Hauswesen gleichsam seiner Auflösung entgegen. Sollten die Stifter desselben noch in Schande, in Dürftigkeit, oder auch nur in Kummer über das Schicksal ihrer Kinder zur Grube fahren? Das künftige Anbauen dieser jungen Leute hieng meist von dem Rath und Beystand, besonders auch von dem guten Rufe unsers Aeltesten ab. Jeder-

mann wußte, daß er die Jüngern erzogen, daß nun seit geraumer Zeit sein Geist das Gesind, sein Kopf und seine Hand den Brodtkorb und alles regiere. Hätte man nun bey des Vaters Tod, oder wenn er aufs Weiben gegangen, oder wenn des Herrn Pfleger XX kreuzbraver Sohn ein Aug auf die ältere Schwester geworfen, die Achsel gezuckt; hätte es da geheißen:
„ Es ist eben nicht alles Gold was gleißt.
„ Ja! stühnde es in diesem Haus wie vor
„ zehen Jahren, da noch der ehrenfeste
„ und bescheidne Nikkel ein Regiment
„ führte, daß es eine Lust war! Aber
„ seit des Maitre Jacques Reiseln, Cor-
„ respondenzen und hohen und niedern
„ Audienzen, mußte sich der rechtschaffene
„ Alte ducken; oder vielmehr sein Mut-
„ terwitz wurde übertölpelt. Der liebe
„ Sohn hieß freylich den lieben Vater sich

„ zur Ruhe setzen. Das war hübsch und
„ gut, wenn nur der junge dafür den
„ Buckel dahinter gethan, wie ers dann
„ konnte, und billig sollte. Aber da stuhnd
„ der eine Hammer überall still, und an-
„ statt des andern hörten wir nicht selten
„ ein Basset, oder ein Raisonniren, das
„ noch den Nachbar an der Arbeit störte.
„ Die Schwestern steckte der galante Herr
„ in die Hofart, und ins Lesen. Die
„ jüngere mußte gar französisch lernen,
„ und die Fremden empfangen. Ein
„ Straßburger führte sie, Gott verzeih's!
„ ins letzte Concert. — Ob nun das alles
„ des Vaters Oekonomie, der Kundsame
„ des Sohns, und der Töchter Keusch-
„ heit wohl behaget, mag ein Kind ent-
„ scheiden. Einmal was die erstre betrift,
„ so sind von gewissen drey Rathhaus-
„ Obligationen die eine wirklich ausbe-

„ zahlt, die andre dato aufgekündet, und
„ die dritte versetzt. „ — Hätte es so ge-
lautet — Aber nun lautet es, und lautet
mit Recht ganz anderst: „Da haben wir
„ einmal (heißt es) einen jungen Hand-
„ werksmann, der sein Glück auf ein siche-
„ res Fundament gebaut, der ein wahrer
„ Segen für die Seinigen, und eine Ehre
„ für die ganze Stadt ist; der, mit Sit-
„ ten und Kenntnissen weit weit über sei-
„ nen Stand, dennoch diesen letztern nie-
„ mals vergißt, und immer am meisten
„ auf den Ruhm stolz ist, und es seyn
„ darf, der einsichtigste, emsigste und ge-
„ wissenhafteste Meister seiner Kunst zu
„ seyn. Man sehe nur das erste beßte Stück
„ seiner Arbeit an; alles trägt das Ge-
„ präg seines auserlesenen Geschmacks,
„ und seiner meisterhaften Leichtigkeit;
„ ohne darum minder währschaft zu seyn.

„ Man vergleiche seine Preise mit andern;
„ man vernehme von seiner Kundsame
„ wie geschwind er spedirt, wie sinnreich
„ und uneigennützig seine Einschläge sind,
„ mit welch gutem, zuverläßigem und
„ höflichem Bescheid jedermann, von ihm
„ und seinem Gesind begegnet wird. —
„ Man frage seine Mitmeister, ob sie ihn
„ mit allen seinen Vortheilen nicht hoch-
„ schätzen, oder ob er sie um seiner selbst
„ gefühlten Vorzüge willen gering schä-
„ tze, unzuläßig überflügle, ihnen das
„ Brod ablaufe, sie heimlich herunterma-
„ che, ihre schwankenden Begriffe von
„ den wahren Vorrechten und Interessen
„ ihres Handwerks mit der Breitaxt zu
„ berichtigen, gewissen übertriebenen Vor-
„ urtheilen den Hobel zu blasen suche —
„ und unter ihnen der erste Zwölfer wer-
„ den will. „ — Wende hiernächst deine
Blicke,

Blicke, so scharf du immer willst, in die innere Oekonomie seines Hauses, von welchem er, gleichsam unter der ehrwürdigen Figur seines alten Vaters, das unsichtbare Haupt und Herr ist, da triffst du das Ideal des goldenen Mittelstands in der Wirklichkeit an; die Ordnung, Munterkeit und Fleiß, die Bequemlichkeit und Reinlichkeit der Bienen; von keinerley verderblichen Leidenschaft beunruhigte Herzen oder angebrannte Sinnen; Nüchternheit und Sittsamkeit; unbenebelten Verstand und feinen Mutterwitz; religiöse Ehrfurcht gegen die Eltern; innigste Bruder- und Schwesternliebe; Bescheidenheit, und hinwieder die edelste Behandlung des Gesinds; Menschenfreundlichkeit in Worten, Werken und Gebehrden; Mildthätigkeit; Mitleid und Mitfreude an allem was menschlich ist, und noch so viele andre

H

lieblicke und schöne Tugenden, die du in der Hütte der brennenden Armuth nicht suchen darfst, und in den stolzen Häusern der Reichen, einzeln selten genug, und in dieser Vollkommenheit und Verbindung niemals, finden wirst. Ungefähr in seinem dreyßigsten gieng mit unsrem Freunde jene Veränderung vor, die zwischen Gebürt und Tod in dem Leben eines Menschen wohl unstreitig die wichtigste ist. — Schon lange hatte er ans Heurathen gedacht, und sich von des Ehestands Rechten und Pflichten, Süßigkeiten und Beschwerden — und zwar alles in Rücksicht auf seine besondre Lage, Bedürfnisse, Temperament und Charakter — richtige Begriffe zu erwerben gesucht. Sein für alles Gute und Schöne offene und empfindsame Herz, war es noch am allermeisten für die Eindrücke des herrlichsten unter allen uns bekannten erschaffenen Wesen — für weibliche Schönheit und Tugend. Desto sorgfältiger stuhnd er, wie überhaupt gegen alle, so insbesondere auch gegen die dießfälligen Täuschungen der Einbildungskraft, Ueberraschungen des warmen Bluts, und, was noch unendlich sichrer ist, gegen den Anlaß auf der Hut, der schon so viele nüchterne Sinnen trunken gemacht. Nur von ferne, und gleichsam im fliehen, ließ er sich von dem entzücken was er liebte, aber noch nicht verfolgen durfte: Und da er sich den Umgang mit dem andern Geschlechte weder versagen wollte noch konnte, trieb er jedoch denselben nie zu anhaltend, den feinsten Scherz nie weit, und sah kurz eine unschuldige Flatterhaftigkeit in seinen Umständen für eine Tugend und für seine einzige Rettung an. — Schon vor etlichen

Jahren war es an dem, daß die Tochter eines blutarmen, aber grundehrlichen Nachbarn ihn mit der leichten Meisterhand und stillen Geschäftigkeit, womit sie die Noth ihres Hauses zu erleichtern, und zugleich zu verbergen wußte, mit der unnachahmlichen Kunst, wie sie drey verwaiste und grundverwöhnte Kinder eines landsflüchtigen Bruders ins Gleis brachte, mit der unermüdlichen Klugheit ihres Betragens gegen eine zänkische Mutter; mit ihrer heroischen Gleichmüthigkeit, womit sie zwey fürchterliche Glücksschläge ertrug, die ihren Vater von ganz gemächlichen Umständen so weit heruntergebracht, (das eine war ein Brandschade, das andre das Falliment des Sohns) und endlich oder wenn man lieber will zuerst — mit ihrer Engelsgestalt so bezauberte, daß er einige Monate seines Glücks kein Ende wußte, wenn er dieser unvergleichlichen Tochter durch seine Hand das ihrige machen könnte. Indessen war er zu lang und zu sehr gewöhnt, bey allem seinem Thun und Lassen, um wie viel mehr bey einem Schritte der von dem Schicksal seines Lebens entschied, nicht bloß das für, sonder auch das wider, sich theils selber so lebhaft wie möglich vorzustellen; hauptsächlich aber, so bald er merkte daß sein Herz sich mit Eifer partheyen wollte, in die Meisterschaft seiner Vernunft ein Mißtrauen zu setzen; diesen gefährlichen und allzuungleichen Kampf niemals lange mit sich selber zu treiben, sondern lieber früh genug einen klugen Mann aus seiner Bekanntschaft zu Rath zu ziehen; also mit vier Augen zu sehen, und erst unter solcher Aufsicht einen reifen Entschluß nach der Regel des Besten zu fassen. So auch dießmal. Ein Busensfreund, dem er seine entschiedene Neigung für gedachte Person bald im Anfang entdeckte, hütete sich wohl, die Unpartheylichkeit der Lobsprüche, welche unser Verliebte ihr beylegte, in einigen Zweifel zu ziehen. Und wirklich war hier, sogar wann es aus dem Mund der Liebe überfloß, nicht viel zu übertreiben. Noch mehr: Er gab seinem Freund zu, daß der Abgang von Glücksgütern, bey solch ausserordentlichen persönlichen Trefflichkeiten, zumal in seinen Umständen, beynahe in keine Betrachtung komme. „Aber„ (fuhr er fort) „irr „ich mich nicht, so steht einer Verbin„ dung zwischen Euch noch zur Zeit eine „ganz andre Schwierigkeit im Weg, — „beyde, dieses herrliche Kind und du, „haben, ein jedes in seinem Hause, frey„ willige, aber nun einmal theure Ver-

„ pflichtungen — ein Werk übernommen,
„ das besser niemals angefangen wäre,
„ als es, itzt zur Hälfte liegen zu lassen;
„ das zu einem vorleuchtenden Exempel
„ für alle eure Mitbürger vollendet seyn
„ muß, und gewiß, nach euerm eignen
„ grosen Sinne einer noch so schönen und
„ süßen Leidenschaft nicht aufgeopfert wer-
„ den darf. Deine Arbeit und deine
„ Ehre ist es, für einmal noch, in dei-
„ ner ehrwürdigen Eltern Hause die Stel-
„ le eines Vaters und Herrn zu vertre-
„ ten; einen wohlgearteten Bruder und
„ zwey liebenswürdige Schwestern nach
„ deinem Geist auszubilden, und durch
„ sie mit der Zeit glückliche und blühende
„ Familien in deinem Stand zu verviel-
„ fältigen. Und hinwieder deine Freun-
„ din — sollte sie, um dein Haus zu
„ zieren, das ihrige der vorigen Entgä-

„ stung, dem Elend und der Verwir-
„ rung — ihren rathlosen Vater dem Pla-
„ gegeist seines Weibs, und ihre Resen
„ wieder dem Wuste preisgeben, woraus
„ sie solche kümmerlich zu ziehen vermocht.
„ Würden nicht die gerechtesten Vorwür-
„ fe des eignen Gewissens eure eingebil-
„ dete Seligkeit alle Augenblicke trüben,
„ und vielleicht unter gegebnen Umstän-
„ den tödtlich verbittern? Ohne Zweifel
„ würdet ihr es versuchen wollen, Euch
„ in die Erstattung unverträglicher Pflich-
„ ten zu theilen; aber die tägliche Erfah-
„ rung des gänzlichen Mißverhältnisses
„ des guten Willens zu dem Vermögen,
„ würde eben euers getäuschten Herzens
„ größte Qual seyn. — Also wird mein
„ Freund, entweder — welches vielleicht
„ das rathsamste ist — die Veränderung
„ seines Standes überall noch für etliche

„ Jahre aufschieben, oder dann eine ganz
„ andre Wahl treffen müssen. „

Diese aus der allereigensten Denkart unsers rechtschaffnen jungen Mannes hergeholte Vorstellungen fanden bey ihm, freylich nicht urplötzlich, den Eingang den sie verdienten. Seine bis zu einem ziemlich heftigen Grad gestiegene Neigung sträubte sich auf eine Weile, und von allen Seiten, gegen das Gewicht derselben; aber nach etlichen Wochen mußte er seinem Freund, der, seines Siegs sicher, denselben nicht übereilen wollte, doch zuletzt gewonnen geben. Er faßte den muthigen Entschluß, die Bekanntschaft mit seiner Freundin, und zwar — er kannte das menschliche Herz und sein eigenes — lieber auf einmal abzubrechen. Diese würdige Person starb sechs Monate nachher an einer hitzigen Krankheit, welche ihr — nicht die Liebe, sondern, wie ihr Arzt versichert, die rastlose Pflege ihrer schwindsüchtigen Mutter zugezogen. Seit der Zeit begegnete es noch öfters, daß liebenswürdige Mädchen seinem Herzen zu nahe gehen wollten. Aber, er legte sich, wie gesagt, allemal früh genug aufs flie‍hen, da er genugsam erfahren, wie schwer das siegen war. Ungefähr vor einem Jahr wurden seine Grundsätze in causa matrimonii von einem ganz andern und bösen Gei‍ste versucht, dem wohl mancher sentimentalische Junker und Herr seines Mutterstädtgens nicht so leicht Widerstand gethan hätte. — Seine vornehme Taufpathin, eine best bekannte Kupplerin, wollte ihm eine Tochter von guter Familie, mit schönen geerbten Mitteln — er müßte nur keinen Schritt thun — ins Haus bringen. — Freylich (hieß es dabey) hätte die Jungfer ihre vierzig Jahre, nebst einem kleinen Höcker auf dem Rücken; ferner ein wildes Knäbgen in sardinischen Diensten, und keinen wohlriechenden Athem; übrigens sey sie wirthschaftlich, maßen sie ihr Gut seit der Eltern Tod merklich vermehrt, und nämlich auf Faustpfande, gegen einen honetten Wochenzins, so und so viel Tausende an junge Haushälter ausgeliehen. Unser Freund, welcher keiner von denen war, der sich bey Vorschlägen von solcher Natur wenigstens einige Bedenkzeit ausbitten mußte, schlug die saubre Parthey auf der Stelle aus. — Inzwischen änderte sich seine obbeschriebene Lage in Absicht auf das Heurathen gänzlich. Sein Bruder, nachdem er ihn mit allen für einen rechtschaffnen Mann und Bürger brauchbaren Kenntnissen ausgerüstet, besonders aber zu seinem künftigen Berufe hinreichend zugestutzt, war itzt auf der Wanderschaft begriffen; da er ihn, nach eigner Lust und Genie, zum Mühlen- und Wasserbau bestimmte, so schickte er ihn nach Flandern, gehörig equipirt, mit einem mäßigen Wanderpfenning, ihn ungesäumt an Ort und Stelle zu bringen; sonst ohne Geld; denn ein redlicher Handwerksbursche kann solches nur mißbrauchen. Seine ältere Schwester ward in der Mitte dieses Jahrs an den jungen X. vermählt. Demselben gab er tausend neue Thaler, ihren Antheil an der väterlichen Sparkasse, zur baaren Ehesteuer hinaus; nebst einer ansehnlichen Kernengülte, zum Ersatz für Beth und Kasten, Tischplunder und Küchengeräth, womit X. als ein einiger Sohn überflüßig versehen war. Lise, die jüngere, fieng schon vor ein Paar Jahren an zu kränkeln; itzt war sie seit zwey Monaten bethliegerig; man verzweifelte an ihrem Aufkommen; wenigstens ließ sich nicht auf eine dauerhafte Herstellung staatmachen. — In diesen Umständen sah unser Freund es nunmehr für seine Pflicht an, sich je eher je lieber nach einer tüchtigen Hausmutter umzusehen. Er warf seine Blicke auf verschiedene Töchter aus solchen Häusern seines Stands, die überhaupt bey dem Publiko in jeder Rücksicht im besten Leumden stuhnden. Denn das, was man im physischen und sittlichen Sinn gute Race nennt, kömmt bey der klugen Auswahl eines Ehegatten wahrlich nicht in geringen Anschlag. — Oder, wem ist unbekannt, daß es ganze Familien von rebütanter Gesichtsbildung, von Dumm- und Starrköpfen, von steter Uebellaune, von Unglücklichen, die, kein Mensch weiß woher, den Keim einer siechen Nachkommenschaft im Geblüte führen; von Muckern, Knickern, Wollüstlingen, von Schweinigeln, Etourdis, Confusionsräthen und Hudlern, beyderley Geschlechts giebt; so, wie hinwieder andre Häuser, in denen ein Geist der Ueberlegung, der Anstelligkeit, der Ordnung, des Geschmacks, der Reinlichkeit, des Anstands und der Zierde durchaus gefunden wird; die schon äusserlich das Gepräg eines heitern Verstands auf der offenen Stirne, und einer blühenden Gesundheit auf rosenfarbnen Wangen tragen; wo seit funfzig Jahren kein Mensch so wenig an der Schwindsucht als an weinerlicher Frömmigkeit sterbt; wo der Geistliche nichts zu trösten, der Arzt nichts zu purgieren, die Obrigkeit nichts zu anten, und nur allein der Pöbel von jedem Stande es etwas unbehaglich findet, daß er sich an den untadelhaften Sitten, an der Genügsamkeit, und edlen Unabhänglichkeit solcher glücklichen Menschen weder reiben noch ärgern kann. — In einem solchen Haus also suchte unser Freund eine Frau für das seinige. Er zog über etliche Personen, die seiner dießfälligen Aufmerksamkeit vorzüglich würdig schienen, unter der Hand zuverläßige Kundschaft ein, in wie weit sich jede für seine Umstände, Temperament und Genius, für den Charakter seiner Eltern u. s. f. reime oder nicht; und war aus verschiedenen Gründen fest entschlossen, nur auf ein sicheres Fundament die nähere Bekanntschaft anzubahnen. Die Klugheit sind Nüchternheit, welche er, so wie in allen seinen übrigen Geschäften, besonders auch in dieser wichtigen Angelegenheit bewies, wurde endlich belohnt, wie sie es verdiente. Ein gewisses Mädchen, die Tochter eines Silberschmids, der in dem einhelligen Gerüchte des beßten Arbeiters in seinem Handwerk, und überhaupt eines in jeder Rücksicht exemplarischen Bürgers von seinem Stande stuhnd,— war zum Theil noch aus Jacques Verwandtschaft; doch so, daß er sie nach unsern Ehegesetzen heurathen konnte. Sie hatte durch ihre feine Gestalt, und ihre noch feinere Sitten, neuerlich bey einem Familienanlaß einen ganz besondern Eindruck auf ihn gemacht. Er folgte mit süßer Ahnung, doch zugleich mit seiner gewohnten Vorsicht, dieser glücklichen Spur; und erfuhr von ungefehr, daß einer der rechtschaffensten Seelsorger in unsrer Stadt, ein Mann von gestandenem Alter und scharfer Urtheilskraft, kürzlich in einer Gesellschaft des Lobs dieser Tochter kaum satt

satt werden konnte. Er gieng ohne Bedenken zu dem Geistlichen hin, und deckte ihm mit seiner anerbohrnen einnehmenden Munterkeit sein ganzes Herz auf. Sobald dieser den Vortrag unsers Freunds, den er ebenfalls von dem vortheilhaftesten Rufe kannte, angehört, klingelte er seinen Leuten, daß ihn, so lang der Herr da sey, niemand stören sollte; nahm hierauf den jungen Mann mit väterlicher Freundschaft bey der Hand: „Mein lie„ber Herr! setzen Sie sich. Glauben Sie „mirs, Sie haben mir da ein Anliegen er„öfnet, das Ihr Herz schwerlich näher „als das meinige angehen kann. Sie „irren sich nicht, ich kenne die Person, „nach der sie sich erkundigen, und ihr „ganzes Haus — schon ihre Eltern von „Jugend auf, und sie selbst von Kindes„beinen an. Ihr Vater und ich sind als

„ zwey Waysen mit einander bey einem
„ gemeinschaftlichen Oheim erzogen wor-
„ den, und haben damals eine Freund-
„ schaft gestiftet, die wir, unsrer ganz ver-
„ schiedenen Berufsbestimmung in der
„ Welt ungeachtet, nunmehr seit vierzig
„ Jahren, durch einen bald täglichen Um-
„ gang unterhalten, der mir zu einem
„ wahren Bedürfniß geworden ist. Wenn
„ Sie jemals diesen Mann näher kennen
„ lernen sollten, so werden Sie an ihm
„ einen Weisen im Schurzfell finden, so
„ gut es Hirzels philosophische Bauern
„ und Kaufleute in ihrem Stande sind.
„ Vor allem aus, ein ächtes Genie und
„ der leibhafte Fleiß in seiner Kunst, wo-
„ mit er sich, von Nichts empor, zu ei-
„ nem ansehnlichen Vermögen geschwun-
„ gen. — Daneben ein im schärfsten Den-
„ ken über jede wichtige und im Leben

„brauchbare Wahrheit geübter Kopf —
„Ein Mann, der kalt und wenig aber
„richtig von menschlichen Pflichten spricht
„— und zumal in seinem häußlichen und
„bürgerlichen Wandel alle Pflichten, die
„kleinste wie die größte, gewissenhaft aus-
„übt, — stets ruhig und heiter, aber leb-
„haft und voll piquanter Laune nur un-
„ter vertrauten Freunden, und überhaupt
„nirgends aufgeräumter als zu Hause
„ist. Da sollten Sie ihn an einem Abend
„sehen, mit seinem Weib, einer Frau voll
„Witz und Anmuth, und die noch in
„ihrem Funfzigsten eine Schönheit ist in
„dem Kreis neun hübsch gewachsner und
„lauter gutgearteter Kinder, von wel-
„chen Lise, nach der Sie fragen, eine
„Tochter von vier und zwanzig Jahren,
„das älteste ist. So oft hab ich das hol-
„de Mädgen, dessen frühzeitige Geburt

„ ihm und seiner Mutter bald das Leben
„ gekostet hätte, so oft, mein lieber Herr!
„ hab ichs auf diesen Armen gewiegt,
„ und seine Thränen mit meinen Liedern
„ besänftigt; so oft, noch eh es stam-
„ meln konnte, hat es auf dieser Schooß
„ meinem Schäckern zugelächelt. Da ich
„ Jahr aus und ein alle Wochen drey bis
„ vier Abende in dem Haus meines
„ Freunds ein paar Stündgen von mei-
„ nem oft düstern und mühesamen Tage-
„ werk ausruhe, und als ein ehe- und
„ kinderloser Mann mich da an der Quel-
„ le reiner Familienfreuden erlabe — so
„ hätte ich den Anlaß und meine größte
„ Lust daran, schon die ersten Neigungen
„ und Angewöhnungen seiner Kinder zu
„ belauschen, und über die stufenweise
„ Entwickelung derselben sowohl, als ihrer
„ Denkens- und Sinneskräfte, ein ordent-

„ liches Tagebuch zu führen. Ich wurde
„ bey jedem namhaften Anstand in der
„ Erziehung, zumal über die schicklichste
„ Leitung von Lisens glücklichem aber un-
„ gewohnt lebhaftem Naturel, zu Rath
„ gezogen. Sie war über acht Jahre der
„ einzige Segen eines Ehebeths, welches
„ im Verfolg noch so fruchtbar gewor-
„ den, und ihre Ausbildung machte wäh-
„ rend dieser Zeit, unter der Oberauf-
„ sicht ihres Vaters, das vornehmste Ge-
„ schäft einer Mutter aus, die vielleicht
„ in den höchsten Ständen keine ihres glei-
„ chen hat. Die ausserordentliche Sorg-
„ falt, welche beyde Eltern auf die Ver-
„ edelung des Herzens, sowohl als auf die
„ Anbauung des Geists ihrer Tochter ver-
„ wendeten, wurde reichlich belohnt; denn
„ als es nachwerts in dieser glücklichen
„ Ehe mehrere Kinder gab, erzogen sie

„ sich, zumal die Mädchen, meist unter
„ dem bloßen Einfluß des stillschweigenden
„ Exempels ihrer Schwester gleichsam sel-
„ ber; wenigstens leitete die geschickte und
„ liebreiche Hand dieser trefflichen Toch-
„ ter, ohne große Mühe, eines nach dem
„ andern, ihrer ganz verschiedenen An-
„ lagen, Talente und Charakter unge-
„ achtet, in den herrschenden Geist ihres
„ Hauses hinein. — Lise ist und bleibt in-
„ dessen das Kleinod desselben. Schon
„ in ihrem funfzehnten Jahre, nach ihrer
„ Mutter vierten Kindbeth, wollte sie
„ nicht ruhen, bis ihr dieselbe genau das
„ lästigste und wichtigste in der Besorgung
„ ihres ganzen großen Hauswesens über-
„ ließ. — Anfangs glaubten ich und die
„ Eltern selber, daß wenigstens eine klei-
„ ne Dosis von weiblicher Herrschsucht und
„ präsumptuoser jugendlicher Eitelkeit hin-

„ ter ihrem Eifer stecke. Man ließ sie
„ indessen die Probe machen, und erstaun-
„ te bald in den ersten Wochen, wie sie,
„ ohne ausdrückliche Anführung, ihrer
„ Mutter die feinsten Kunstgriffe der äch-
„ ten Haushaltungskunst abgelernt, und
„ solche in allen vorkommenden Fällen mit
„ unnachahmlicher Lieblichkeit und immer
„ gleichen Munterkeit anwendete; wie
„ sie vor allem aus theils ihre eigene
„ Stunden aufs ergiebigste einzutheilen,
„ theils ihre Geschwisterte und das Ge-
„ sind zu lehren, und sowohl von den
„ Vortheilen als von der Leichtigkeit zu
„ überzeugen wußte, auch ihre Zeit sorg-
„ fältig zu Rath zu halten; wie sie im
„ kleinsten und im größten auf Ordnung,
„ auf unängstlicher Genauigkeit, auf ge-
„ schwinder Ausrichtung aufgetragner Ge-
„ schäfte ohne Geräusch, auf dem, zumal

„ in den Häusern der Mittelstände, so
„ wichtigen Einander in die Hand arbei-
„ ten hielt; wie sie, hauptsächlich durch
„ ihren Vorgang, alle Hausgenossen in
„ Vertragsamkeit, Dienstfertigkeit, Unei-
„ gennutze und Gemeinnützigkeit; kurz in
„ jeder geselligen Tugend unvermerkt un-
„ terrichtete und übte; — wie sie das Maaß
„ der Kräfte und des Willens eines jeden
„ kannte, solche zu benutzen und zu len-
„ ken, unvorsetzliche Versehen zu bedecken,
„ die Blödigkeit aufzumuntern, die Träg-
„ heit durch eignes Angreifen zu beschä-
„ men, die Verstellung durch einen Blick
„ zu entlarven, und die Bosheit ohne
„ Leidenschaft zu entwafnen wußte; —
„ wie sie (wir machten oft den Versuch)
„ für alles, was sie in ihrem Hausregi-
„ ment, bisweilen gegen allen Stadtrum-
„ mel that oder ließ, auf den Moment

„ sich selber und andern Rechenschaft ge-
„ ben konnte, und uns meist drolligt ge-
„ nug an die Wand stellte; wie endlich
„ diese frühzeitige Herrschaft, und das un-
„ umschränkte Zutrauen, welches man in
„ kurzer Zeit auf sie sezte, bis zu dieser
„ Stunde sie niemals schwindeln gemacht;
„ wie sie dasselbe gegen ihre Geschwisterte,
„ so wenig als gegen den geringsten Dienst-
„ boten nie mißbrauchte, und besonders in
„ der tiefsten Ehrfurcht gegen ihre Eltern
„ seither eher weiter gieng als nachließ. —
„ Alles dieses, mein werther Herr! Ihnen
„ mit Beweisen im Detail zu belegen —
„ und noch so viel anders und mehrers
„ von den innern und äussern Liebenswür-
„ digkeiten dieser Person, von ihrer Figur,
„ von ihrem Witz und Geschmacke, von
„ ihrem unterhaltenden Umgang u. s. f.
„ u. s. f. hinzuzuthun, — da würd' ich

„ bis auf den Abend kein Ende finden
„ wenn ich einmal anfangen sollte — und
„ Sie, so schlecht ich erzählen kann, wür-
„ den schwerlich müde werden, mich an-
„ zuhören. — Doch, sie dürften bald glau-
„ ben, mein Freund habe mich zum Markt-
„ rufer seiner Tochter bestellt, oder —
„ wie denn ihr jungen Leute von uns Geist-
„ lichen immer das ärgste denkt, — ich
„ sey gar selber in das traute Kind ver-
„ liebt. „ Meinetwegen (setzte er lächelnd
hinzu) „ denn für das letzte wollt' ich
„ Ihnen eben nicht gut stehn; und ist
„ solches doch kaum einem zu verargen,
„ der sie das erstemal siehet; geschweige
„ mir alten Knaben, der so oft er will
„ bey ihr ein und ausgeht, des Jahrs so
„ viel Dutzend Stunden ohne Zeugen mit
„ ihr verplaudert; den sie in den wichtig-
„ sten Situationen eines jungen Frauen-

„ zimmers zu ihrem Vertrauten macht;
„ zweymal in langen schweren Krankhei-
„ ten mit der Zärtlichkeit einer jungen
„ Gattin verpflegt, — und der kurz, das
„ sollen Sie wissen, bis dato, nächst ih-
„ rem Vater und Mutter, allein den
„ Schlüssel zu ihrem Herzen hat. — Und
„ Sie mein Herr! wollen mir alten und
„ eingeseßnen Liebhaber den Rang ablau-
„ fen? — Soll ich indessen der Wahrheit
„ Zeugniß geben, — ich fürcht' ich fürch-
„ te, Sie dürften in diesem kühnen Unter-
„ fangen nur allzuglücklich seyn. — Wie,
„ wenn ich aus Verzweiflung den Groß-
„ müthigen spielen; Ihnen selbst die Be-
„ kanntschaft mit meiner Liebsten, bey den
„ Eltern den freyen Zutritt in ihrem Hau-
„ se, und was es sonst des Zeugs von
„ Präliminarien noch mehr giebt, ver-
„ mitteln; — noch mehr, wenn ich Sie

„ eines erwünschten Erfolgs beynahe ver-
„ sichern könnte, und mir für alle dieß
„ einzig Ihre und — nur nicht sauer dar-
„ ein gesehn, — die Freundschaft Ihrer
„ künftigen Frau, zu meinem unschuldi-
„ gen Labsal, so lang ich noch die Bürde
„ dieser Zeitlichkeit trage, ausbedingen
„ wollte? Wie wir da reden, und ich
„ Sie sehe und selber lieben muß, fällt
„ es meinem Gewissen immer stärker auf,
„ wie viel meine Freundin bey diesem
„ Tausch gewinnen wird, und daß ich ihr
„ und Ihnen dieses Opfer schuldig bin.
„ Ich will es darum, so viel an mir steht,
„ und wenn es ihnen so gefällt, am lieb-
„ sten noch heute thun. Beßter junger
„ Mann, da haben Sie mein Wort und
„ meine Hand darauf!„ Hier schossen
ihm Thränen ins Auge. Der Contrast derselben mit der muntern Laune, womit sich

der ehrwürdige Mann so eben anheischig gemacht, Jacques bey einem rechtschaffenen Mädchen das Wort zu reden, rührte diesen letztern tiefer, als es wahrscheinlich das Schneiden noch so feyerlicher Festgesichter nicht gethan hätte. Er stuhnd auf, fiel dem Geistlichen um den Hals: „Mein „Vater und mein Freund! Ich weiß nicht, „träum' oder wach' ich! Nur dieß: Sie „haben einen redlichen Mann verliebt ge„macht; er legt es in ihre Hand, ob sie „ihn unglücklich machen wollen." Damit verließ er ihn. Gegen Abend zählte der liebe Pastor alle Minuten bis es Fünfe schlug; gieng dann doch noch eine Stunde früher als gewöhnlich zu Lisens Vater, und erklärte ihm, als er kaum ins Zimmer trat, daß er ihn dießmal allein sprechen wollte. Sobald sie ihre Pfeifen gestopft, fieng der Geistliche an: „Höre

„ Johann! was hätteſt du dawider, wenn
„ ich dir für Liſen einen rechtſchaffnen
„ Mann wüßte, der ſie freyen wollte? „
„ Nichts hab ich dawider „ (antwortete
der Silberſchmied) „ als daß du ihn nicht
„ früher gefunden haſt. — Nun ich denke
„ doch (fuhr der andre fort) beſſer ſpäth
„ als nie! „ Der Silberſchmied. „ Das
„ denk ich auch. Aber, haſt du niemals ge-
„ leſen — denn die gelehrten Herren, wie
„ du biſt, wiſſen ſolch Zeug nur aus den
„ Büchern — daß man bey vier und zwan-
„ zigjährigen Mädchen leicht zu ſpäth
„ kommen kann? „ Der Geiſtliche. „ Aber
„ ich meyne nicht, daß dieſes Liſens Fall
„ ſey. „ Der Vater. „ Hm! Es wäre
„ beſſer du wüßteſt's. „ Der Geiſtliche.
„ Da iſt gut helfen, wir wollen ſie ſelber
„ fragen. „ Der Vater. „ Vortrefflich!
„ Nun ſind wir Eines Sinnes; fiengſt du

„ damit an, so hättest du ein paar du-
„ tzend unnütze Worte erspart. Keine ei-
„ tele Rede gehe aus Euerm Mund; kann
„ ich Euch Geistlichen nie genug predi-
„ gen. „ Der Vater rief also ohne weiters das Kind herauf. Sie kam im Hui
zu vernehmen, was zu seinem Befehle stühnde. Allein unser humoristische Mann, anstatt ihr zu antworten, lachte nur hinten
im Maul; und schien seinen Freund zu
fragen, was er nun anzubringen hätte?
Endlich brach Er doch das Stillschweigen
folgender Gestalt: „ Der Herr Pfarrer
„ hat mit mir allein sprechen wollen —
„ um von dir zu vernehmen, ob du ei-
„ nen rechtschaffnen Mann, den er dir
„ ausgefunden, heurathen kannst? „ Lise,
so gut sie sonst solcher launigten Einfälle
ihres Vaters gewohnt und zu unerwarteten Repartien geschickt war, stuhnd dieß-

mal wie der Butter an der Sonne da, und der Geistliche fieng an unwillig zu werden: "Johann, treiben wir den Spaß in "einer wichtigen Sache nicht zu weit!,, — "Wir müssen also ernsthaft sprechen „ (versetzte der Silberschmied) „Es kömmt „alles aufs Abreden an. Lise, setz dich „da neben mich; wir wollen hören.,, — Der Hausfreund erzählte hierauf mit aller Umständlichkeit den Besuch, den er diesen Morgen von dem Gürtler Jacques, des alten wackern Niclas Sohn, erhalten; strich dann mit seiner gewohnten Wärme den jungen Mann aus, wie er es verdiente, und unterstützte kurz das Ansuchen desselben in Lisens nähere Bekanntschaft zu treten, mit solchem Erfolg, daß das gute Kind schon während der Erzählung sich etliche mal eines erröthenden Lächelns und Aufblickens von ihrer Arbeit nicht enthalten

ten

ten konnte, und endlich auf Befragen, was sie nun von diesem Antrag halte, nach einer kurzen Verlegenheit ihrem Vater das runde Geständniß ablegte: Sie habe
„ vergangene Woche bey dem Vetter D.
„ ganz von ungefehr mit diesem Menschen
„ einen Abend zugebracht, und wirklich
„ an seinem Umgang so viel und so un-
„ gewohntes Vergnügen gefunden, daß
„ sie ihn seit der Zeit nie hätte aus dem
„ Sinn schlagen können. — Ihre Gedan-
„ ken vom Heurathen seyn übrigens ihren
„ gütigen Eltern, und ihrem einzigen Leh-
„ rer und Freund bestens bekannt, und
„ schon so oft von ihnen gebilliget wor-
„ den; sie werde niemals dießfälligen,
„ noch so speciosen Vorschlägen Gehör ge-
„ ben ohne einen hohen Grad eigner mo-
„ ralischer Ueberzeugung, daß sie sich sel-
„ ber und einen rechtschaffnen Mann

K

„ durch ihre Hand glücklicher machen wer-
„ de, als beyde es entweder auſſer der
„ Ehe, oder in einer ſolchen Verbindung
„ mit irgend einer andern Perſon nicht
„ ſeyn könnten. Sie wollte ihnen indeſ-
„ ſen auch ſoviel nicht verhelen, daß ſie,
„ zu dieſer Stunde wenigſtens, an dem Ge-
„ danken, ob vielleicht Jacques der Mann
„ ſeyn oder werden möchte, ihre wahre
„ Luſt finde, — und daß kurz der unſchul-
„ dige Wunſch dieſes, wie ſie höre, von
„ iedermann geehrten und geliebten jun-
„ gen Menſchen kaum lebhafter ſeyn
„ könnte als ihr eigner künftig recht oft
„ mit ihm umzugehn. Mehr „ (füg-
„ te ſie mit der ihr eignen naiven Auf-
geräumtheit hinzu,) „ könnte ſie doch für
„ einmal nicht ſagen; oder ob ſie zu
„ viel geſagt, da müßte ſie lediglich die
„ beyden Herren, ihren altklugen Bruder

„ Bernard, oder wen man sonst mit zu
„ dem Consilio ziehen wollte, entscheiden
„ lassen. „

Nicht wahr, L. Leserinnen! eine solche Erklärung hatte des Silberschmieds Tochter von keinem Roman entlehnt, sondern einzig aus einem Herzen geschöpft wie es deren so wenige giebt, das sich keiner seiner wahren Empfindungen schämen darf.— Es wurde also abgeredt, daß Jacques an diesen Winterabenden ihr Haus, so oft er wollte, frey besuchen könnte. Nur (fügte Lise hinzu) sollte er dabey alles Gezierte, und hinwieder alles Mysteriose vermeiden. Denn, einer ehrlichen Bürgerstochter auf untadelichen Wegen nachzugehn, sey ihres Ermessen etwas, das zwar kein Geschrey brauche, aber auch kein Aufsehen verdiene. Unser Freund stuhnd indessen in einer bangen Erwar-

tung, was der Himmel und der Silberschmied über ihn verhängen möchten. Man
kann sich darum sein Entzücken vorstellen,
als er des folgenden Morgens, da er kaum
in die Werkstätte hinunterkam, von dem
Geistlichen ein Billet erhielt, welches ihm
die frohe Botschaft verkündigte. Er war
mit aller seiner Bescheidenheit der Scheuch-
beutel nicht, um einen Augenblick anzu-
stehn, ob er wohl noch desselben Tags die
erhaltene Erlaubniß benutzen dürfe oder
nicht. — Man wird oben aus einer kurzen Bekanntschaft mit Lisens Vater bemerkt
haben, wie meisterhaft derselbe sich darauf verstuhnd, und daran eine wirkliche
Lust hatte, gerade seine liebsten Leute bisweilen durch einen ganz eignen seltsamen
Tour d'Esprit capput zu machen. Allein,
er war dieses zweydeutigen Talents, womit er in seiner Jugend oft den Schwa-

chen beleidigt und geärgert hatte, zwar nicht ohne große Mühe bey zunehmenden Jahren so Meister geworden, daß er sichs besonders zur unverbrüchlichen Regel machte, solchen vor unbekannten sorgfältig zu verbergen, und sich desselben überhaupt gegen niemand zu bedienen, der entweder nicht geschickt war, oder noch keine genugsame Gelegenheit hatte, den ganzen Mann, und also auch das gute Herz an ihm, auf den Grund zu kennen. Er empfieng demnach Jacques, wie alle neue Bekanntschaften, mit der natürlichen Höflichkeit eines alten Weltmanns, (denn beyläufig zu sagen, es irrte ihn nicht, daß der Jüngling meist in Meßing, und er in Silber arbeitete) gieng mit ihm sofort über tausend Siebensachen ins Gespräch hinein, und wußte solches stets interessant und lebhaft zu unterhalten; mitlerweile von Lisen der Thee aufgetragen wurde, bald nachher auch ihre Mutter und der Geistliche aufs Zimmer traten, und nach und nach alle an der Conversation den ungezwungensten Antheil nahmen. Unserm Freund, der, wie wir schon oft gesehen, ohnehin sich aus kitzlichen Situationen gut zu ziehen wußte, ersparte dieses geschickte Arrangement, oder vielmehr der gewohnte Ton in des Silberschmieds Hause, der um seinetwillen nur nicht verändert werden durfte, noch vollends alle Verlegenheit, worein sonst unsre jungen Leute vom Alltagsschlag solche erste Besuche zu setzen pflegen; und da er bey fleißiger Wiederholung derselben, schon das dritte oder vierte Mal, als ein alter vertrauter Freund behandelt wurde, so brauchte er in dem ganzen Laufe dieser neuen Art von Brautwerbung, den eigentlichen sogenannten Liebhaber selten, und den girrenden Täuber überall nie zu spielen. Wie hätte er bey einem Mädchen jemals seufzen sollen, welches stets die Frölichkeit selber war; das sich bey der geringsten übertriebenen Schmeicheley einer Mannsperson auf dem linken Fuß umdrehte, hingegen jeden muntern und unschuldigen Scherz mit einem noch feinern und aufgewecktern bezahlte; besonders aber lauter Aug und Ohr war, wenn ihre Freunde sie würdigten, in ihrer Gegenwart über wichtige Dinge zu reden, die nicht ausser dem Gebiet eines vernünftigen und aufgeklärten Frauenzimmers lagen; wozu sie ein bescheidenes Wörtgen zu seiner Zeit sprechen, oder wenigstens ohne Eitelkeit zu verstehen geben durfte, daß sie das meiste verstühnde, und daran ihre größte Lust fände. Hinwieder war es, wie irgendwo ein Dichter sagt, ein Schauspiel für Götter, zu sehn, wie Lise in dem Umgang mit einer Mannsperson, welche eine der schönsten Figuren, bezaubernd in jedem Wort und in jeder Gebehrde, das Herz voll sanfter menschenfreundlicher Gefühle auf der Zunge, zugleich aber Heldenstärke und ehernen Muth auf der offenen Stirne trug, und kurz vielleicht ein vollkommeners Ideal in seinem Geschlecht als Grandison war, weil er solches minder affischiren, und nie galant genug scheinen wollte, sich zu schämen -- ein Mann zu seyn -- wie dieses unvergleichliche Mädchen, voll edeln Glaubens an seine Tugend und ihre Unschuld, ihr Herz in kurzer Zeit den süßesten Empfindungen der Freundschaft, und bald der Liebe öfnen, vor diesem Uebergang weder zurückbeben, noch solchen vor andern verbergen, und ihrer Phantasie stufenweise die entzückendsten Aussichten in einen nahen Himmel auf Erde erlauben durfte; wie diese beyden jungen Leute, zu klug und zu stolz um ihr Glück auf den flüchtigen Taumel berauschter Sinne zu gründen, die Tetes a Tetes weder suchten, noch zu meiden brauchten; wie Lise in Jacques Gesellschaft die Hände nie müßig in den Schooß legte und die Schönheit einer Bildsäule an ihr begaffen ließ, sondern ihn vielmehr einzig mit der rührenden Grazie einer stets nützlich oder angenehm bemühten jungen Hausmutter fesselte; ihre schlanke Figur am liebsten in der zauberischen Leichtigkeit zeigte, womit sie zu ihren mancherley Hausgeschäften ab- und zugieng; und höchstens den kleinen Kunstgriff brauchte, dieselben so einzurichten, daß sie bisweilen ihren Vater unter allerley Ausflüchten bitten konnte, ihr zu erlauben, auf seinem Zimmer Patisserie zu machen, die feinere Linge zu glätten, und andre solche Arbeiten zu verrichten, bey welchen sich eine Stunde an einander mit Anstand ausharren, und unter dem Schein steter Geschäftigkeit ganz unbemerkt Nichts thun ließ, welches versteht sich, allemal geflissentlich auf solche Tage und Stunden eingefädelt oder hinausgezogen wurde, da man wußte, daß der gute Freund kam, — das Backwerk wurde nur desto mürber; bisweilen freylich die Rosinen vergessen, in das unrechte Würzschächtelgen gegriffen, oder, wann Jacques dem Silberschmied und dem Geistlichen mit Erzählung seiner Schweizerreisen, oder mit Experimentalphysik, worinn er ein Meister war, die Zeit kürzte, unter Gucken und Horchen ein Paar Manschetten vom Eisen gefleckt, — und was es solcher Schwabenstreiche der Liebe mehr gab, welche besonders von dem Vater sorgfältig aufgehoben, und bey gegebenem Anlaß dem Töchtergen treulich zurückgestellt wurden. Mittlerweile ward es eine der Stadt ruchtbare, und besonders den Nachbaren, nebst Vettern und Basen schon längst bekannte Sache, daß des Silberschmieds, den man sonst auch den Genfer nannte, theils weil er dort vornehmlich seine Kunst erlernt, theils weil ihm in Politicis nicht alles schiefe gerad liegen, ein Eselohr nie kugelrund, und das Schwarze nie atlasgrau scheinen wollte, — ja — — daß dessen hübsche älteste Tochter sich mit dem bekannten jungen Gürtler oben an der ** Gasse ehelich verlobt und versprochen, — versteht sich titulo per se, daß Jacques damals noch weder seiner Freundin, noch ihren Eltern, noch seinen eigenen einicherley ausdrückliche Eröfnung seiner Absichten gethan.

Nichts destoweniger mochten er und Lise das Gerede ganz wohl leiden, und ergötzten sich nicht selten ob dem verschiedenen drolligten Zeug das ihnen dießfalls zu Ohren kam. Freylich wurde hie und da bey vornehmen und gemeinen Spieltischen und Kirchenständen aufs Tapet gebracht, „was wohl aus der Verbindung eines „solchen Sondertruten mit des Grüblers „Tochter für eine seltene Race entsprin„gen dürfte,„ — und wann niemand über den kahlen Einfall lachen wollte, so that es der erröthende Witzling; oder man wußte, daß Jacques noch vor der Hochzeit das Schurzfell ablegen, und, die einen sagten, eine Pension für junge Töchter errichten, und andre, Privatcollegia lesen, — die dritten gar, daß er sich dem Staat widmen wollte: allein es stuhnd immer wieder ein vierter da, der die drey

andern zuverläßig Lügen strafen konnte;
und im Ganzen war es weit der herrschende Ton, daß alle rechtschaffnen Leute für
unser junges Paar Parthey nahmen, wenn
jemand sich und andre dergestalt auf ihre
Rechnung belustigen wollte. Besonders
erinnere ich mich selber noch stets mit
Vergnügen, wie dieß ein grundgescheu-
ter und vornehmer Mann in einer großen
Gesellschaft, wo von Jacques Verbindung
die Rede war, mit solchem Eifer that, daß
er nicht nur in ein lautes Lob desselben
ausbrach, sondern sein Enthusiasmus, nebst
der seltsamen Association einer andern Lieblingsidee ihn so dahinriß, daß er seine
Tochter bey der Hand faßte: „Hörst du!
„ Einmal die saubern Herren, mit denen
„ du und deinesgleichen hebst und legst,
„ waschen diesem edlen jungen Handwer-
„ ker die Füße nicht, — und ich habe dir's

„auch schon gesagt, keiner von solchen
„Schnacken wird sein Mädchen so glück-
„lich, wie Er die Tochter des Silber-
„schmieds, machen!„ — Jacques setzte
indessen, wie man sich einbilden kann, seinen Umgang mit Lisen den ganzen Winter durch ämsig fort. Sie wagten es,
sich ohne Liebeserklärung zu lieben, und
sie durften sich ohne Trauring bereits für
ein unzertrennliches Paar ansehn. Beyde
lasen, sie die süße Sehnsucht des Freunds,
und er ihr unverholenes Geständniß einander im wonnetrunkenen Auge; — was
konnte der Mund beredters thun, als
verstummen? Ihre Pfänder waren ihre
Liebenswürdigkeit, ihre Tugenden, und
ihre Herzen. Jacques hatte täglich Anlaß, an seiner Freundin irgend eine neue
Trefflichkeit zu entdecken; bald überhaupt
in der geschickten Führung aller Theile

ihres weitschichtigen Hauswesens; ein andermal in den unermüdeten Egards gegen ihre Eltern; besonders aber in der zweckmäßigen Ausbildung ihrer ältern Geschwisterten, oder in der zärtlichen Pflege der jüngern; gestern in der klugen Auswahl eines Dienstboten; heute in dem rührenden Nachdruck, womit sie einem jungen Menschen von gutem Hause, der bey ihrem Vater in der Lehre stuhnd, über seinen Leichtsinn und Ausschweifungen die Nativität zu stellen wußte. Er hatte von ihrer ungeheuchelten Gottesforcht, von ihren heitern religiosen Begriffen, von ihrem erleuchteten Wohlthun gegen die Armen, von ihrer Gleichmüthigkeit bey dem Reize zu heftigen Gemüthsbewegungen, von ihrer steten Gegenwart des Geists in dem Gewirre ihrer gehäuften Sorgen, schon so manche entscheidende Probe gesehen; ihre Einnahm- und Ausgabröbel, ihre Tabletten, worein sie des Morgens frühe ihr bevorstehendes Tagewerk verzeichnete; ihre verschiedene Cahiers — welche die laufenden Preise der Lebensmittel, der Arbeitslöhne, der Waarenzeuge, alles nöthigen Vorraths eines wohlbestellten Hauses von ihrem Stand, die wesentliche Kennzeichen der Währschaft eines jeden nahmhaften Stücks, bey welchem Kaufmann, Krämer, zu welchen Zeiten u. dgl. es am vortheilhaftesten und zuverläßigsten sey, sich damit zu versehen, — hauptsächlich aber die interessantesten Anmerkungen über ihr Hausregiment, ihre Maßregeln sich des glücklichen Erfolgs eines wichtigen Vorsatzes menschenmöglich zu versichern, und hinwieder ihre Entdeckungen oder scharfsinnige Vermuthungen der wahren Quellen eines fehlgeschlagenen Versuchs —

ent-

enthielten, worüber sie nicht selten mit ihrem neuen Freund zu Rath gieng.—Alles dieses waren in Absicht auf ihre äussere Form so viele Meisterstüke von ingeniöser Einrichtung, von Sauberkeit und netter Zierde, die abermals ein wahrer Abdruck ihrer schönen Seele waren; und, in Absicht auf ihren innern Gehalt, Magazine von lauter in den kürzesten und bedeutendsten Ausdrücken abgefaßten Lehren und Beyspielen der einzigen wahren Weisheit ihres Geschlechts. Lise hatte noch nicht das Glück in unserm neuen Töchterinstitut erzogen zu werden; aber sie machte sich, wie wir gesehen, theils durch Nachahmung ihrer Mutter, theils durch eignes frühes Nachdenken und unermüdete Anbauung ihres Geistes geschickt, allenfalls die würdige Lehrerin einer solchen Schule zu seyn. Wirklich hatte sie in einem hohen Grad

L

jene eben so seltene Kunst inne, andern alle ihre Kenntnisse und Begriffe mit Deutlichkeit beyzubringen; und zumal die Jugend durch den lebhaften Vortrag ihrer Lehre in steter Aufmerksamkeit zu erhalten; durch ihre Munterkeit zum Fleiß, durch allerley Kunstgriffe zum Wetteifer anzuspornen; sie mit einer sanften Wärme für die eigentlichen Pflichten ihres Alters zu interessiren, und einem jeden die Erfüllung seiner besondern Bestimmung vorzüglich lieb und leicht zu machen. Sie war beynahe die einzige Lehrerin ihrer Geschwisterte; was wird sie erst seiner Zeit an ihren Kindern thun! Endlich besaß und übte sie neben so viel Tugenden noch verschiedene angenehme Talente, die doch hoffentlich keiner unsrer Leser unter die ärgerlichen Ueberbeine in dem Haus eines Silberschmieds zählen wird, wenn er nun hört, daß Lise mit eben so viel Geschmack und minderm Zeitverlust, als vielleicht manche von seinen Cousinen — und kurz ohne den geringsten Abbruch irgend eines nützlichen Geschäfts, mehr als mittelmäßig zeichnete, ein Staat Mater, ein Elysium, ihren Gellert und Hagedorn entzückend am Clavier sang, und von ihrem Vater spielend englisch gelernt hatte. Ließ sich doch von ihr in keinerley Sinne, wie von unsern mehrern sogenannten Hausmüttern in den großen Häusern, sagen: Sie tanzte gut und kochte schlecht. Lise kochte gut und tanzte gar nicht; keineswegs, als ob sie irgend eine unschuldige Freude des Lebens, sie mochte nun in dem Calender einer milzsüchtigen Casuistik schwarz oder roth verzeichnet seyn, für Sünde hielt. Aber sie wußte wohl, wie nach unsern Sitten ebengenanntes piquante Vergnügen sich nun einmal mit der Bestimmung der Tochter eines noch so hablichen Handwerkers nicht reimen will, und dachte viel zu nüchtern, andere Frauenzimmer, denen solches vergönnt war, und die sich übrigens zur wahren Ehre rechneten sie unter ihre Gespielinnen zu zählen, darum zu beneiden. Kaum erlaubte sie sich von Zeit zu Zeit, nur wie verlohren, eine feine Bemerkung über den Mißbrauch desselben zu machen, wenn es etwa hieß, daß die Frau von O. nun das zweytemal nach übermäßigem Tanzen Fausse-Couche gemacht. — Dann aber konnte sie freylich, nach ihrem edeln Freydenken, eben so wenig an den höhern Ständen einicherley Ankunfts-Titel eines ausschliessenden Rechts anerkennen, sich in müßigen Stunden eben mit der Musik z. E. mit Blumen- und Insektenschildern, mit Stickerey, mit dem

Putze ihrer Schwestern, oder mit der edeln Simplicität ihres eigenen Anzugs zu beschäftigen; und — welcher Leser allenfalls hier abermals die Meisterkappe rücken oder den Kopf schütteln möchte, der mag es thun, — vornehmlich ihren Geist mit Erforschung der Wahrheit bey einer kurzen, aber täglichen Lektur zu belustigen. — Als Jacques sich das erstemal bey ihrem kleinen Bücherschrank verweilte, erstaunte er, so viel er sonst den Einsichten seiner Freundin zutraute, über ihre Wahl; denn er wußte von dem Geistlichen und von ihrem Vater, daß es wirklich die ihrige war, die sie, nach dem was sie aus den Urtheilen dieser beyden einsichtigen Männer über ältere und neuere Schriften nach und nach auffieng, so glücklich getroffen hatte. Es waren im religiosen Fache; Erstlich Bahrdts neueste

Offenbarungen Gottes; ein Buch, dem sie einen so hohen Werth beylegte, daß sie es schon mehrmals gekauft, und wieder an dürftige Christen weggeschenkt. Es kümmerte sie freylich für dieses Bahrdts arme Seele, wenn wahr wäre, daß er auf Akademien sich als ein loser Vogel, und seither nicht viel besser aufgeführt; dennoch mußte sie herzlich lächeln, als sie das erstemal bey einem Neujahrsbesuch einen gewissen Geistlichen darüber wie ein Kind rabotiren, und ihn von dem behaupteten Charakter des Mannes den vornehmsten Grund entlehnen hörte, warum seine Uebersetzung — man denke doch, des Testaments! — unmöglich was taugen kann; und las es nach wie vor mit innigster Erbauung fort. Hiernächst fanden sich Hessens Geschichten der Patriarchen, Jesu und seiner Apostel; aus allen

drehen hatte sie mit eigner Hand einen
kurzen höchst interessanten historischen Aus-
zug gemacht. Darauf folgten Jerusalems
Betrachtungen und Reimarus; von Kan-
zelreden Foster, unser Ulrich und Crügot.
Von des letztern zweyten Theil sagte sie,
dieß sey eins von den wenigen Büchern,
das man unmöglich lesen könnte, ohne sitt-
lich besser zu werden. Hiernächst die Pre-
digten von Lavater und Heß aus den Sech-
zigerjahren in Handschrift, die nicht ihres
gleichen haben. Von Ascetischen Schrift-
stellern war, neben dem Christ in der Ein-
samkeit, Tobler ihr einziger Mann. Von
geistlichen Dichtern, Gellert, und Klopstocks
zehen erste göttliche Gesänge des Meßias;
denn die folgenden hielt sie für ein Quod-
libet oben im Himmel, und des gleichen
großen Mannes geistliche Lieder für ein
Geheul unten auf Erde. Das Fach der

theoretischen Philosophie enthielten einzig des oberwähnten Reimarus Vernunftlehre, und Mendelssohns Schriften. Größer war das von der Sittenlehre; unter den Alten waren Arrians Epiktet, Plutarchs moralische Versuche, die Denkwürdigkeiten des Sokrates, — und unter den neuern, Schaftesbury und der Englische Zuschauer in der Ursprache, Toussaint, Möser, Zimmermanns Nationalstolz, Büsch, Engel, Gellerts Vorlesungen, und die Weißischen Kinderschriften ihre Leibbücher. Von Naturlehre und Naturgeschichte hatte sie die einzelen Ebertschen Briefe, und Bonnets Betrachtungen. Ihr liebstes Feld aber waren die Dichter, zumal die, welche häusliche und bürgerliche Weisheit in erdichtete Geschichten gebracht. Hier stellte sie, und machte das Signum Crucis, die neue Heloise und den Emil oben an. Dann folgten Clarissa und Tom Jones, Humphry Klinker, Joricks Reisen, der Dorfprediger von Wakefield, alle diese englisch, Wielands Agathon, Siegwart und der junge Werther. Bey der ersten Lektur dieses leztern vergoß sie bittere Thränen über die Leiden des Helden, und bey einer zweyten nicht viel minder über das Unglück, daß dieß Buch geschrieben war. Von theatralischen Werken fand Jacques den Shackespear und die bürgerlichen Trauerspiele der Engländer; die beyden Schauspiele des Diderot, den deutschen Sophokles, Euripides und Terenz. Von Epopeen, Bodmers Homer und den Leonidas. Aus den übrigen Dichterreihen, Geßners Idyllen an der Spitze, darauf Thomsons Jahrszeiten und Kleists Frühling. Den Versuch über den Menschen konnte sie auswendig, und so auch Hallern und Hagedorn. Von ästhetischen Schriften traf der Freund Sulzern und Home an. Ueber die Geschichte begnügte sie sich mit den Uebersetzungen von Voltaires Essai sur l'Histoire generale, Raynals Histoire de deux Indes, Robertson, und dem Dictionaire des Portraits. Doch bald hätt' ich das Buch vergessen, welches ihr schon in ihrem sechszehnten Jahre von ihres Vaters Freund geschenkt wurde, und wovon seitdem, als einem ihrer liebsten, stets ein Theil auf ihrem Putzschranke stuhnd; ich meyne Plutarchs Biographien. Denn überhaupt waren die Alten ihre Leute; sie verstuhnd es eben nicht besser. — „Wenn„ (sagte sie einst zu ihrem Freunde, und die ganze Energie ihrer schönen Seele ergoß sich in ihr funkelndes Auge) „wenn diese Schrift„ „steller der Griechen und Römer keinen„ „andern Vorzug vor den unsrigen hätten,

„ als daß sie ihren tödtlichen Haß gegen
„ alles ungemeinnützige Wesen zum ersten
„ Beding einer unzweydeutigen Tugend
„ machen, so sollten ihre Werke schon
„ darum edeln Männern, wie Sie sind,
„ beständig zur Seite stehn, und die Schat-
„ ten ihrer Helden Euch wachend und im
„ Traume verfolgen. „ — Dieses war die
Schäferstunde, wo die Liebe die Tugend
bekrönen wollte. Jacques ergriff Lisens
willige Hand, und drückte sie mit Hastig-
keit an seine Brust. „Treffliches Kind! —
„ In diesem Augenblick fühl ich's zum er-
„ stenmal, daß ich Ihrer nicht unwerth
„ bin. — Entscheiden Sie, ob diese Hand —
„ dieß bebende Herz glücklich machen
„ will? „ Sein Sieg sollte vollkommen
seyn. Lise konnte unter tausend sich zu-
drängenden wonnevollen Empfindungen keine Worte finden. Sanft erröthend that

ein schmelzender Blick das Geständniß ihrer unschuldigen Sehnsucht, je eher je lieber mit dem Manne ihrer Wahl auf ewig
verbunden zu seyn. Sie schlang ihren schönen Arm um seinen Hals, und unsre gute
Kinder wechselten ihre ersten Küsse auf
zitternde Lippen. — Sobald sie sich aus dem
Taumel dieser süßen Scene erholten, ward
verabredet, daß sie nun vor allem aus die
Gesinnungen ihrer Väter und Mütter über
eine solche Verbindung ausholen, und in
dieser wichtigsten Angelegenheit, was es
auch immer ihren Herzen kosten dürfte,
nimmermehr auf ihren eignen Kopf hin
zufahren wollten. „Denn, glauben Sie
„mir's, beßter Freund!„ (sagte Lise)
„zumal für Personen von unserm Stand
„ist die Einwilligung der Eltern, beson-
„ders des Mannes seiner, in dessen Haus
„eine Tochter aus ihrem väterlichen hin-

„ übertreten muß, nichts minder als ein
„ ausserwesentliches Requisit einer glückli-
„ chen Ehe. Was weiß ich z. E. (setzte
„ sie lächelnd hinzu) ob ich nicht in den
„ Augen der Ihrigen ein allzugeziertes
„ Mädchen bin? Doch fühl ich mich stark
„ genug, meinen künftigen Pflichten als
„ Gattin, als Schwiegertochter, als
„ Schwägerin auch die größten Opfer
„ zu thun. „ — Dieses war ein kleiner
Stich auf Jacques ältere Schwester, von
welcher Lise vernommen, daß sie sich
an einem gewissen Ort gegen die Neigung ihres Bruders für des Silberschmieds, wie sie sagte, allzu ebengeprie-
sene Tochter, ziemlich entscheidend heraus-
gelassen, und ihm mit Eifer eine andre
Parthey anrieth. Jacques verstuhnd den
Hieb vollkommen, und ward im ersten
Augenblick ein wenig bestürzt, daß seine

Freundin diese Entdeckung von den Gesinnungen seiner Schwester gemacht. Doch konnte er ihr darüber die eine und andre Erläuterung geben, welche mehr als hinreichend waren, eine Person von Lisens Verstand und Edelmuth gänzlich zu beruhigen. Jacques flog mit froher Ungeduld nach Hause; und da seine, wie wir oben gesehn, kränkelnde jüngere Schwester zu gutem Glück eben einen von ihren bessern Tagen hatte, bat er seine Eltern den Schwager und seine Frau, anstatt des folgenden Sonntags, noch heut auf den Abend zu Gast zu bitten. Er hätte ihnen etwas, wie er hoffe, für sie alle interessantes zu eröfnen. — Sobald das Essen vorbey war, und sich das Gesind entfernt hatte, rückte unser Freund mit seiner Liebesgeschichte, die freylich schon seit geraumer Zeit niemand von den Anwesenden mehr ein Ge-

Heimniß war, dennoch geziemendermaßen ab ovo, ans Licht, und erzählte ihnen, wo und wie er mit Lisen die erste Bekanntschaft gemacht, und nunmehr seit Dreyvierteljahren fortgesetzt. Er wandte sich dabey besonders an seinen Schwager; (denn dieser war es eigentlich, welcher, aus allzuweit getriebener Bruderliebe, Jacques seine eigene Schwester, ein übrigens wirklich nicht unfeines Mädchen, gerne zugeschanzt hätte, und nach und nach auch seine Frau für diesen Plan zu interessiren wußte,) und appüierte nachdrücklich darauf, wie er nichts weniger als auf den bloßen Eindruck äusserer Liebreize, sondern erst auf sichere Data, und zumal auf das Zeugniß und Einrathen des rechtschaffnen Mannes hin, den er ihnen nannte, des Mädchens nähern Umgang gesucht; wie er noch weit mehr als er erwartet,

und täglich neue Eigenschaften einer trefflichen Gattin und Hausmutter an ihr gefunden; wie sie indessen erst gestern einander das Jawort zu einer ehlichen Verbindung, doch nur unter dem feyerlichen Bedinge zugesichert, daß ihre beydseitige Eltern, und andre nahe Blutsfreunde, erst durch ihren Beyfall auf ihr Glück das Sigel drücken sollten. — Der ehrliche Gürtler gab schon während der ziemlich weitläuftigen Erzählung seines Sohns; — denn die Liebe macht auch Spartaner wortreich; — durch seinen freudigen sperroffenen Blick, damit ihm ja kein Wort entgehe, und durch sein stetes Zunicken und Händereiben, seine gänzliche Zufriedenheit über Jacques Vortrag allzuentscheidend zu verstehen, als daß sich jemand erkühnt hätte, etwas kahles dagegen anzubringen. Gründliches aber ließ sich per
se

se nichts einwenden. Und würklich hatte unser Freund durch seine naive Schilderung von dem ganzen Hause des Silberschmieds, und den interessantesten Detail, womit er sich über Lisens eigenthümlichen Werth und Charakter einließ, noch ehe er völlig ausgeredt, auch sogar seiner Schwester und ihrem Mann allen vernünftigen Zweifel benommen, daß ihr Bruder und Schwager es anderwerts besser treffen könnte. Sobald Jacques ausgeredet hatte, sprang Nikel vom Stul auf: "Sagt "ichs nicht immer, was mein Herzens- "sohn thut, das ist wohlgethan!" rief dann der Magd; befahl ihr, auf Morgen um zehen Uhr ihm sein feines Kleid auszustauben; denn um diese Zeit wollt' er zu dem Silberschmied gehen oder hinken — das gelt' ihm nun gleichviel — und auch, wie es sich gezieme, eine ordentliche Braut-

M

werbung thun. „Oder wer hat etwas „dawider?„ „Ich gewiß nicht (fiel hier die gute alte Mutter ein und schluchzte vor Freuden) „Jacques hat uns ja noch „nichts als Ehre und Segen ins Haus „gebracht.„ Sein Schwager und seine Schwester bezeugten ebenfalls, ein jedes auf seine Weise, ihren aufrichtigen frohen Antheil an seiner glücklichen Wahl; denn er hatte sie nicht nur völlig überzeugt, daß sie in Lisen eine wahre Schwester finden würden; sondern er stuhnd, wie wir wissen, ohnehin bey seinen Geschwisterten, und sonst auch bey dem Schwager X. in dem Geruch einer völligen Unfehlbarkeit. Er gieng des folgenden Morgens frühe zu seiner Freundin hin; und fand sie, wie ers erwartet und gewünscht, nebst ihren Eltern auf des Vaters Zimmer beym Caffee. Lisens Erröthen und ihrer Mutter ange-

nehme Verlegenheit verrieth ihm bald, daß er die lieben Leute in einer Unterredung unterbrochen hatte, die ihn selber am allernächsten angieng. — Der Silberschmied bat ihn, sich zu setzen, und das Dejeuné mitzunehmen. „Verzeihen Sie,
„ Herr Jacques! ich bin sofort zu Ihren
„ Diensten. — Mutter, wo sind wir stehen
„ geblieben? Ja, bey der Frage: Ob
„ der junge Gürtler mit seiner Kunst, und
„ dem geringen was wir Lisen mitgeben
„ können, ein Haus in der Ehre der Un-
„ abhängigkeit zu nähren im Stand ist?
„ Du scheinst daran noch in etwas zu zwei-
„ feln: Aber, verzieh mir's Gott, ich ken-
„ ne euch Weiber wohl. Wenn ihr in
„ euerm Testament lest, Herodes war ein
„ Fuchs, so könnt' euch ein Pfarrer;
„ wenn's darnach einer wäre, alle samt
„ und sonders bereden, daß solches buchs

„ stäblich zu verstehen sey. — Wenn hin-
„ gegen unser Herr und Heyland sagt:
„ Sorget nicht für euer Leben! gelt, das
„ muß dann ganz figürlich genommen seyn.
„ Doch, dem sey wie ihm will; einmal,
„ wenn ein Mann wie der junge Gürt-
„ ler, und eine Tochter wie Lise — sie
„ dürften es meinetwegen beyde hören —
„ sich nicht zusammen mit Gott und Eh-
„ ren, und ohne ängstliche Nahrungssor-
„ gen durchbringen können, wer wird's im
„ Stande seyn? — ich sage nicht nur aus
„ den Handwerks- sondern auch aus an-
„ dern Ständen? Der Capitalist, meynt
„ ihr vielleicht, dem die Tochter eines
„ noch so reichen Manns mit ihrem Hang
„ zu unsinnigem Aufwand den Ruin ins
„ Haus bringt? Oder etwa der Kaufmann,
„ der — gieb ihm eine Tonne Golds wenn
„ du willst, die aber heut zu Tag in unserm

„ Zürich dünn gesäet sind — der, sag ich,
„ falls er etlichen Söhnen ein solides Etab-
„ lissement verschaffen will, so viel unser
„ einer vernimmt, bisweilen damit seine
„ scharrige Noth hat. Von dem Stand
„ der Geistlichen endlich sollte man hier
„ nur nicht reden; die dauern mich in der
„ Seele; und noch mehr ihre armen Wei-
„ ber und Kinder, welche es darinn schlim-
„ mer haben als alle andern, daß sie nach
„ des Manns und Vaters Tode seinen
„ und ihren einzigen Brodtkorb, wie ein
„ Bauer seine Erndte durch Gottes Don-
„ nerwetter, und zwar nicht nur für ein-
„ mal, sondern auf immer verlieren. Da
„ müssen die Bücher samt dem Gestell und
„ die Schinken aus dem Schorstein ver-
„ kauft werden, wenn man des Herrn
„ Leichenkösten, nebst Müller, Metzger und
„ Beck bezahlen, und ohne einen nach-

„genden Herrn nur auch mit Ehren hof-
„schleiſſen will. Und kaum ſind dieſe gu-
„ten Leute mit etlichen Pfannen, Scha-
„bellen und Laubſäcken, alles auf Einer
„Fuhr zu Zürich angelangt, ſo müſſen die
„Mutter aus allen Armenämtern, die
„Söhne im Zuchthof ernährt werden,
„und die Töchter dienen gehn; in wenig
„Wochen iſt dieſe Haushaltung aus ein-
„ander geſprengt, und du findeſt ihre
„Spur nicht mehr. Nun — wir wiſſen
„es doch aus der Erfahrung, und ſollen
„Gott im Himmel dafür danken, meine
„Lieben! — ganz anderſt verhält es ſich
„mit dem Bürger aus unſerm Stande;
„der, wenn er nämlich — das trägt ſich
„auf dem Rücken nach — ſeine Began-
„genſchaft verſteht, und dabey ein äm-
„ſiger und redlicher Mann ſeyn will, nicht
„nur ſich, ſondern auch eine Haushal-

„tung hinlänglich nähren — nicht nur
„dieses, sondern auch nach seinem Tode
„wahrlich seine Kinder bald so gut setzen
„kann als einer; wenn man anderst ein
„nüchternes, munteres, arbeitsames, von
„keinen eingebildeten Bedürfnissen gequäl-
„tes, freyes, unabhängiges, vor Gott
„und Menschen schlecht und rechtes Le-
„ben, noch ein glückliches Leben nennen
„will. Denn freylich nur bey Mannsge-
„denken, haben sich zwar nicht die ewig
„wesentliche Natur der Dinge, wohl aber
„die Begriffe davon, und folglich auch
„die Namen derselben, so merklich unter
„uns geändert, daß man, um alles an-
„dern zu geschweigen, zu dieser Stunde
„den vornehmen Müßiggänger und Brü-
„kentreter seliger preist als seinen Mit-
„bürger, der im edeln Schweiße des An-
„gesichts mit einer Stube voll rosenfarb-

„ ner Kinder sein schmackhaftes Brodt in
„ Ehren ißt; daß man den kriechenden Hun-
„ gerschlücker aus allen Ständen höher
„ schätzt als den genügsamen Mann, dem
„ Gott so gnädig ist, daß er keines Men-
„ schen Gnade zu leben braucht! Der, vor
„ allem aus, nicht erst wie die meisten junge
„ Herren und Junkern, noch lange anste-
„ hen muß, ob es überhaupt besser für
„ ihn sey zu heurathen als gebrennt zu
„ werden; hiernächst in der Auswahl ei-
„ ner Gattin, nicht ein Affengesicht und
„ eine Katzenseele mit etlich hundert, oder
„ meinetwegen so viel tausend Gulden
„ auszugleichen braucht, sondern muthig
„ aber nicht minder vorsichtig zur Ehe
„ greift, wie es seinem nüchternen Sinn
„ und Herz gelüstet; den einer von jenen
„ sieben und siebenzig Modeteufeln unsers
„ Jahrhunderts niemals versuchen wird,

„ es auf die Kreide zu nehmen, wie viel
„ er Kinder zeugen darf; dem ihre Erzie-
„ hung die angenehmste Erholung von
„ der Arbeit ist, und ihre Versorgung kei-
„ nen Kummer macht. Denn eben die-
„ ses hat der Handwerker vor allen andern
„ Ständen zum Voraus, daß er nur wie-
„ der seine Jungens zu irgend einer brauch-
„ baren Kunst, und die Töchter zu haus-
„ hälterschen Tugenden ziehen darf; so
„ sind die erstern ohne Erbgut reich ge-
„ nug, denn sie tragen wie ihr Vater ih-
„ ren steten Erwerb in ihrer geschickten
„ Hand; und des Nachbars Söhne wer-
„ den die letztern nicht stecken lassen; oder
„ wo sollten sie bessere Weiber für sich fin-
„ den, als diese Mädchens sind? Da fragt
„ man nicht viel nach der baaren Mitgift;
„ wenigstens kömmt dieselbe bey Hand-
„ werkersehen weit minder als bey an-

„dern in einen Hauptanschlag; obgleich
„sie, wer weißt's, oft so reichlich aus-
„fällt, und gewiß ihre bessern Zinse trägt,
„als die Heurathsgütchen, die mancher
„große Rentier und ansehnliche Kauf-
„mann seinen Kindern aushin giebt; da
„sie nicht, wie dieser letztern ihre in Ta-
„peten und Porcellan, sondern unmittel-
„bar in den Nahrungskorb gesteckt,
„und des Jahrs wieder vier, fünf und
„mehrmal daraus gezogen wird. — Ist
„dann — das muß ich noch einmal wie-
„derholen — die Rede vollends von einem
„Paar jungen Leute, wie Jacques und
„Lise sind, da meynt ich, dürften wir
„Alte, ohne unsre grauen Haare durch
„eiteln Kummer zu vermehren, füglicher
„das ganze Geschäft ihrer eignen Ueber-
„legung anheim stellen, und übrigens
„auch ein wenig Gott walten lassen, der

„ die jungen Raben speißt, die Lilien auf
„ dem Feld mit Reinlichkeit und Zierde
„ kleidet, und darum, wir wollen nicht
„ daran zweifeln, auch für einen Gürtler
„ und eines Silberschmieds Tochter zu
„ sorgen wohl wissen wird. — Oder Mut-
„ ter, was ist denn schließlich dein Sinn?
„ Wir müssen doch Lisen mit einem aus-
„ traglichen Bescheid abfertigen, woran
„ sie und ihr Liebhaber kommen kann.
„ Und da wartet schon lang — Mille Par-
„ don mein Herr! — ein Freund, der
„ mit mir sprechen will. „ Lisens Mutter, so fix sie sonst darauf war, ihren
Mann stets in seiner eignen Schalksmün-
ze, und zwar mit Wucher zu bezahlen,
konnte dießmal kein gescheutes Wort her-
vorbringen. Man wird ihr's zwar ohne
weiters Erinnern zutrauen, daß sie bey
reifem Nachdenken so wenig als der Va-

ter gesinnet seyn konnte, die Verbindung ihres Kinds mit einem Manne, den sie immer so hoch zu schätzen wußte als er, zu hintertreiben; aber dem Herz einer Mutter, die ein solch Kleinod aus ihrem Haus wegschenken soll, kann man's darum wohl nicht verargen, wenn sie in dem Moment, da sie eine entscheidende Einwilligung von sich stellen muß, in ihrer Beklemmung sich an jedem blöden Aestgen hält, und nach Schwierigkeiten hascht, wo keine sind. Die gute Frau wußte darum nicht, ob sie über das Possenspiel ihres Manns lachen oder bos werden sollte? Lise ward alle Augenblicke blaß und roth, mußte sich zuletzt an ihre Mutter lehnen, und wollte beynahe einsinken. Der Silberschmied selber merkte, halb zufrieden und halb beschämt, was er für eine tragisch=komische Scene angerichtet hatte. Jacques endlich — — ja, liebe Leſer! da beſtellen Sie einen beſſern Mahler als ich nicht bin — ermannte ſich erſt nach einigen Minuten, und brach dieſe verwünſchte Pantomime folgendergeſtalt: „Sie werden mir's wohl ohne Betheu„rung glauben, mein werther Herr! daß „mein Herz an dem Entſchluſſe kluger „und zärtlicher Eltern, die ſich über das „Glück ihrer liebenswürdigen Tochter, „und über mein eignes berathen — daß „mein Herz, verehrenswürdiger Herr „und Frau — an einem ſolchen Rath„ſchlag, der von dem ganzen Schickſal „unſers Lebens entſcheiden ſoll, einen „Antheil nimmt, den es nicht mit Wor„ten ausdrücken kann. Doch„ — hier nahm er Liſen bey der Hand, und ſprach ihr mit einem Blick voll froher Zärtlichkeit Muth ein — „doch, meine Freundin „redet für mich. Sey es mir vergönnt,

„ auch ein Wort für sie zu sprechen —
„ Beßte Mutter! ach dürst ich Sie auch
„ die meinige nennen — Sie haben die-
„ ses liebe Kind mit einer Sorgfalt und
„ Treu, die nicht ihres gleichen hat, zu
„ der ganzen schönen Bestimmung ihres
„ Geschlechts, und nach Ihrem eigenen
„ Bild erzogen. Vollenden Sie Ihr Werk,
„ und lassen Sie Lisen das Glück eines
„ ehrlichen Handwerkers, und ein Segen
„ seines Hauses werden, wie Sie es des
„ Ihrigen worden sind. Sie haben mir
„ seit einigen Monaten den freyen Zutritt
„ bey Ihnen, und den täglichen schuldlo-
„ sen Umgang mit Ihrer Tochter ver-
„ gönnt; und nachdem Sie den unver-
„ holenen Aeusserungen und dem stufen-
„ weisen Wachsthum unsrer Neigung mit
„ Gefälligkeit zugesehn, sollten Sie wohl
„ den Erfolg derselben mißbilligen, und

„ Lisen und mir die Gewährung der kind-
„ lichen Bitte versagen, unsre Liebe in
„ dieser glücklichen Stunde mit Ihrem
„ Beyfall zu krönen? Ob ich dieß unver-
„ gleichliche Mädchen, wie sie es verdient,
„ versorgen, und ein künftiges Haus er-
„ nähren kann? — Sollt ich wohl —
„ verzeihen Sie's meinem Eifer — sollt
„ ich aus unbesonnener Leidenschaft —
„ unglücklich machen wollen was ich lie-
„ be? — Freylich darf ich mich, was
„ meine äussern Glücksumstände betrift,
„ auf nichts als auf meines Vaters und
„ meinen redlichen Fleiß und einige Ge-
„ schicklichkeit in unsrer Handthierung,
„ die uns eine ansehnliche Kundsame zu-
„ wege gebracht, kecklich berufen. Man
„ lebt darum bey uns gemächlich, aber
„ eingezogen und nüchtern, wie bey Ih-
„ nen, fürtrefliche Mutter! und, wie Sie

„ wissen, nur desto frölicher. Meine El-
„ tern in ihrem hohen Alter, mein
„ Schwager, meine beyde Schwestern,
„ werden Lisen als einem neuen vom
„ Himmel geschenkten Schutzengel unsers
„ Hauses in die Arme fliegen; und mein
„ kleiner Bruder in der Fremde, wenn
„ er mein Glück vernimmt, wird sie als
„ eine zweyte Mutter ehren. — Und, so
„ eben schickt mich der beßte alte Vater,
„ den meine ihm gestern gethane Eröf-
„ nung, glaub ich, wieder jung machen
„ will, bey den Eltern meiner Freundin
„ um ein gelegenes Viertelstündchen an-
„ zufragen, wo er Sie sprechen darf.„
Der Silberschmied bat sich einen solchen,
ihm zwar immer erwünschten und gelege-
nen Besuch, doch vorzüglich, wenn es
seyn könnte, gerade auf diesen Morgen
um eilf Uhr aus. „Dürft ich mir als-
„ dann

„ dann schmeicheln, daß meine werthen
„ Herrn beyde, bey einem Rinderbraten,
„ so gut ihn Lise rüsten kann, mein sech-
„ zigstes Geburtsfest mitfeyern wollten, so
„ würde die Ehre und das Vergnügen
„ für uns um so viel größer seyn.„ Als
unser Freund aufstuhnd und sich verab-
schiedete, schossen der guten Mutter
Thränen ins Auge. Sie fiel ihrer Tochter um den Hals: „O wie süß, o wie
„ grausam ist's, ein solches Kind zu ha-
„ ben, und zu — — doch nein! wir
„ werden dich nicht verlieren, so wenig
„ du uns vergessen kannst. „ Darauf
führte sie Lisen Jacques zu, faßte ihn mit
holder Freundlichkeit bey der Hand, legte
solche in des Mädchens ihre, und drückte
beyde an ihr Herz: „Mein Sohn! mei-
„ ne Tochter!„ — Der Silberschmied
selber war innigst gerührt: Er umarmte

N

erst Jacques: „Rechtschafner Mann! Sil-
„ ber und Gold haben wir nicht; aber
„ das beßte, was wir haben, geben wir
„ Ihnen!‟ Dann seine Tochter: „Glück-
„ liches Kind!‟ Darauf seine Frau:
„ Mutter, Mutter! unsre Seele lobe den
„ Herrn!‟ — und führte sie, seinen zit-
ternden Arm um sie geschlungen, aus dem
Zimmer. Unsere beyde Liebende, Hand in
Hand, zerstoßen noch eine Weile sprach-
los in Thränen. Jacques faßte sich zuerst
wieder, und erzählte seiner Freundin, mit
welch herzlicher Freude die seinigen alle,
besonders auch seine Mutter, eine Frau
wie die liebe Stunde, gestern seine Eröfnung angehört. „O die Mütter, die
„ Mütter! mein Beßter!‟ (sagte Lise) —
„ Sie müssen mir versprechen, noch heute
„ der Ihrigen ein gehorsames Töchtergen
„ vorzustellen, und mich mit neuen lieben

„ Schwestern bekannt zu machen. „ Jacques eilte nach Haus. Er traf seinen Vater, der schon drey Viertelstunden mit Ungeduld auf ihn harrte, in den reinlichen Staat seiner Jünglingsjahre gekleidet, und mit großen Schritten nachdenkend in seinem Zimmer auf und niedergehend an. Als Nickel hörte, daß er um eilf Uhr erwartet würde, und, wenn es ihm gefiele, sie beyde zum Mittagessen geladen wären, zog er die Uhr aus der Tasche, und zählte jede Minute; so bald der Zeiger auf funfzig stuhnd, war er nicht mehr zu hinterhalten: „ Es ist für unser einen weit bis an
„ die **Gasse; wir kommen bis zum Läu-
„ ten eben recht. „ Der Silberschmied empfieng ihn an der Thüre seiner Werkstätte, und führte ihn, ein Podagräner den andern, mit der äussersten Aufmerksamkeit die Stiege hinauf: Oben stuhn-

den Lisens Mutter, sie, und ihr ältester Bruder. — Nickel wußte zu leben: Nachdem die Frau des Hauses ins Zimmer gegangen, nahm er seine künftige Schwiegertochter an die Hand: „Ich bin ein „neun und neunziger, meine Jungfer!„ — und that mit ihr einen solchen Machtsprung über die Schwelle, daß das Zipperlein in seinem linken Bein zu pfeifen anfieng, und er mitten in seiner kurzen aber rührenden Brautwerbung vor zükendem Schmerz stecken blieb, und sich in Eil auf den Sopha setzen mußte. Lise eilte dem Bein ein Küssen unterzulegen, und wußte den alten Mann so zärtlich und so geschickt zu besorgen, daß ihn die Freude über das Glück, eine solche Tochter zu bekommen, bald wieder all sein Leiden vergeßen ließ. Des Silberschmieds launigte Einfälle, die er recht nach des Gürtlers Genie

zustutzte, trugen auch das ihrige dazu bey. Es war eine Lust zuzuhören, wie die beyden Väter einander ihre Geschichten von Kindsbeinen an, ihre Fremde, ihre Liebeshändel, ihre alten Handwerks- und Zunfthistorien u. s. f. wieder ins Gedächtniß brachten. — Als sie unter anderm (Jacques erzählt' es mir erst jüngsthin) auf den Wiederkehrenhandel in den Dreyßigerjahren zu reden kamen, in welchem sein Vater eine Hauptrolle gespielt, machte der Silberschmied die Anmerkung: „ Er bekenne sich zwar,
„ die ganze Stadt wisse es wohl — un-
„ gescheut auch zu denen, welche zu steter
„ Aufrechthaltung jenes, freylich durch kei-
„ nen Gesetzestitel, aber, wie noch so viel
„ anderes in unserm trauten Bürgerlichen
„ Beysammenseyn, durch uralte gute Ge-
„ wohnheit geheiligten Rechts der Anzüge
„ auf den Zünften, alles aufsetzen würden.

„ Aber eben darum falle es einem redli-
„ chen und vernünftigen Mann fast un-
„ außstehlich, wenn er sehen müsse, wie
„ dieses Recht so oft von schlechten oder
„ ungeschickten Leuten, zu niedrigen Pri-
„ vatabsichten und pöbelhaften Lappe-
„ reyen mißbraucht, und gerade dadurch
„ vernichtswürdiget, also sein wahrer End-
„ zweck einer L. Bürgerschaft immer mehr
„ aus den Augen gerückt werde; welcher
„ nach seinem Sinn kein anderer sey, als
„ in einem äussersten Fall, wo pflicht-
„ und regelmäßige Warnungen oder Be-
„ schwerden an Ort und Stelle, zumal
„ in Sachen die Gemeine Stadt oder Land
„ betreffen, nichts verfangen wollten, und
„ nämlich schnöd, oder sonst beharrlich
„ unverhört abgewiesen würden — in
„ solchen Fällen (sagte er) welche Gott
„ in Gnaden vergaume, eine ächte bür-

„ gerliche Freyheit und unsre glückliche
„ Verfassung gegen offenbare Präpotenz
„ hoher oder niederer Bürger mit Nach-
„ druck in Sicherheit zu setzen — das sey
„ die wahre Absicht dieser Anzüge; kei-
„ neswegs aber, förmlich ausgefällte, und
„ besonders über sein eigenes Personale
„ ergangene Urtheile zu wiederäfern, und
„ ein Gewäsch von einem mysteriosen
„ Nichts und Abernichts zum Vehikulo
„ seines Grolls und der selbstsüchtigen
„ Grillen eines angebrannten Gehirns zu
„ machen; oder ins Gelage hinein über
„ die verdorbene Zeiten zu jammern; oder
„ in einer hochtönenden Rede zu beweisen,
„ daß die Hintersäßen die Krautstiele ver-
„ theuern; oder, wie es einmal einer in
„ einem Jennerboth gethan: UGHHrn.
„ zu bitten, bey stark einfallenden Nebeln
„ die Stadtwache zu verdoppeln u. dgl. „

Hiernächst giengen unsre alten Männer besonders tief in die Materie hinein, und gaben dabey der jungen Welt wacker aufs Dach: Wie sie beyde ihre Handthierung und ein Hauswesen als arme Heurlinge beynahe mit nichts hätten anfangen müssen; durch was für Mittel sie ihre Oekonomie und ihre Kundsame geäufnet, u. s. f. Beyde waren der Meynung, daß sie in dieser Absicht, ihren noch so schönen Handwerks-Brief und Siegeln beynahe nichts, sondern nächst Gott ihrer Sparsamkeit und ihrem Fleiß, ihren treflichen Weibern, und dann der Gürtler insbesonders seines Jacques Talenten und Geschicke, so wie hinwieder der Silberschmied dem klugen Hausregiment seiner Lise weit das meiste zu verdanken hätten. Nicht, daß diese redliche und nüchterne Männer, unser Genfer so wenig als der andre, es leugnen wollten, daß, wie alle Dinge unter der Sonne, also auch die sogenannten Handwerksbänne und Monopolien ihr Wohl und ihr Wehe, und mit gewissen, nach verschiedenen Betrachtungen für einen gegebenen Staat auch verschiedentlich modificirten Einschränkungen sicherlich ihre trefliche Seite haben, obgleich sie bey erstem flüchtigen Anblick der Industrie des einzelen Bürgers unerlaubte Fesseln anzulegen scheinen; und daß man überhaupt Handwerksmißbräuch und Handwerksfreyheiten nicht in Ein Bad ausschütten sollte, wie, solches zu thun, erst neuerlich mit einem edeln aber irrend ritterlichen Enthusiasmus, der Finanzintendent Turgot einen unglücklichen Versuch gewagt.

„Sein Sinn „ (fuhr der Silberschmied fort) „ gehe über diesen wichtigen Gegen„ stand kürzlich dahin. Einigen an und vor

„ sich, und an jedem Ort unnatürlichen
„ und übel verstandnen Handwerksbännen
„ und Privilegien werde freylich kein ver-
„ nünftiger Mann im Ernst das Wort re-
„ den wollen. Wo z. E. eines Handwerks-
„ ordnung die Erhaltung des Meisterrechts
„ unsinnig kostbar, und damit gewissen
„ Bürgern den Eintritt in die Innung
„ indirekte unmöglich macht; wo solche
„ ohne Vorwissen der allgemeinen Polizey,
„ die hierinfalls für das Ganze wachen
„ soll, und allein das Ganze unpartheyisch
„ übersehen kann — wo „ (sagte er mit
ziemlichem Eifer) „ ein Handwerk sich
„ vermißt, eigenmächtige Preise zu setzen;
„ wo die Innungen so ängstlich von einan-
„ der gerichtet und gesöndert sind, daß
„ der Mäurer kein Brett annageln, der
„ Zimmermann keinen Stein zurechtle-
„ gen darf; daß ich nie recht weiß ob ich

„ zum Schlosser oder Hufschmied, zum
„ Glaser oder Tischler, und, oft um einer
„ nichtsbedeutenden Kleinigkeit willen in
„ drey bis vier verschiedene Werkstätte schi-
„ cken muß; daß ich die Arbeit eines
„ Tags öfters ganze Monate nicht zur
„ Stelle bringen, und endlich um über-
„ trieben theure oder unwährschafte Ar-
„ beit, mit harter Mühe — schlechte Ju-
„ stiz finden kann: Ja, an solchen Orten
„ und Enden mag freylich das Handwerks-
„ und Zunftwesen alle die schlimmen Fol-
„ gen haben, welche ihm die neumodische
„ Politik der französischen Oekonomisten,
„ und das ganz aus ihrem Geist geflosse-
„ ne Edikt von Ao. 1775. so lebhaft und
„ so unerbittlich vorrückt. — Wo hinge-
„ gen der Innungszwing und Bann we-
„ sentlich nichts enthält, als daß freylich,
„ und warum nicht, niemand einer Stadt

„ Gewinn und Gewerb treiben darf als
„ ihre Bürger; daß aber auch aus diesen
„ eben so wenig, einer, heiß er wie er will,
„ Meisterrecht bekommen kann, er habe
„ dann sein Handwerk behörig gelernt,
„ und davon vor Erfahrnen zuverläßige
„ Proben abgelegt; daß endlich dem
„ Gesindfördern gewisse Schranken ge-
„ setzt, und damit dem Ueberflügeln we-
„ niger einzeler Meister über alle ihre
„ Handwerksgenossen vorgebogen wird;
„ welches immerhin in Thesi ungerecht
„ scheinen mag, in Praxi aber nichts
„ destominder höchst billig ist; zumal in
„ einem kleinen Freystaate, wie der unsri-
„ ge, dessen Bürger in jeder Rücksicht so
„ eng an einander gebunden sind, und
„ seyn sollen. An solchen Orten und un-
„ ter erwähnten Bedingen (sagte er) dün-
„ ke einmal ihn, müßten Handwerkszünft

„ und Innungen dem Gemeinen Wesen „ eher nütz als schädlich seyn, u. s. f. „ —

Unter solchen Gesprächen vertrieb man sich die Zeit bis um Mittag, mittlerweile Lise selber die Tafel, dem Podagra ihres Schwiegervaters zulieb, gerade vor den Sopha zu, so deckte, daß sich Nickel nicht von seinem Sitz entwegen mußte. Man wartete noch immer auf den Geistlichen, den die ganze Gesellschaft als eine Hauptperson, und zumal unsre jungen Leute, durchaus nicht missen wollten. Er hatte diesen Morgen eine lange Seßion im Ehegericht, wo er sich der Scheidung einer gewissen Bauernehe mit Nachdruck und Erfolg widersetzte, und kam endlich gegen Ein Uhr noch im Schweiß seines Kampfes angestochen. Als er läutete, hüpften ihm Jacques und Lise bis ins Unterhaus entgegen, und führten ihn als den Stifter ihres Glücks triumphierend ins Zimmer auf. — Wie Cithere dem Mars, wann er aus der Hitze eines rühmlichen Gefechts an die Hochzeit oder an ein ander Ehrenmahl der Götter kömmt, nahm das Töchtergen ihm eilends das Beschwerlichste seiner Rüstung ab. Man setzte sich zu Tische. Es war ein treflich Essen — Forellen in ihrer Sauce wie lebendig — Eine Pastete, herrlich mürb, wie sie hübsche Mädchens zu machen pflegen — Ein Aloyau so schmackhaft, daß sich ein Lord dran überfüttert hätte —. u. s. f. u. s. — denn die beßten Küchenzeddul längst verdauter Mahlzeiten zu hören, thut nur den Ohren weh, und macht die Zunge an dem Rachen kleben. Mit dem Wein hat es die gleiche Bewandtniß. Wir wollen also lieber von dem Drey und funfziger Meilikommer schweigen, womit der Silberschmied, es mußte aber ein Ehrenanlaß wie dieser seyn, den Gaumen lieber Gäste, seinen eignen unvergessen, zu fächeln pflegte. Und vollends die piquanteste Würze der ganzen Mahlzeit war unsers Genfers gut geprägter Witz und Muthwill, dem er, besonders als es gegen der zweyten Bouteille rückte, einen so verzweifelt ungebundenen Lauf ließ, daß der Geistliche ihm etliche mal mit der Gabel auf den Tisch klopfte — Allein, das hieß dem Schalk erst recht einläuten. Ein paar Stunden weg mochte ein Schnack und Schwank dem andern kaum entrinnen; doch alles in Zucht und Ehren. Denn vor Zotten und allem was ärgern konnte, suchte er sich, wie wir schon einmal gesagt, stets mit der gewissenhaftesten Vorsicht zu hüten; dießmal um so viel mehr, da seine jüngern Kinder und die Dienstboten im glei-

chen Zimmer, an einer andern Tafel saſ-
ſen. Sein Freund mußte ihm würklich
nachwärts dieſes Zeugniß geben; daß zwar
ſeine Einfälle zum öftern bis auf die Scheid-
linie des Dekorums eines Nachbars von
ſeinen Jahren, doch niemals auſſert die
Schranken der wahren Sittlichkeit getre-
ten. „Concedo Ihr Ehrwürden!„ (antwortete der alte Fink) „Aber eben dar-
„inn beſteht die Kunſt!„ —Gegen Abend
begab ſich Nickel höchſt vergnügt nach
Haus, Jacques und ſeine Freundin be-
gleiteten ihn. Liſens Empfang von ihrer
Schwiegermutter und neuen Geſchwiſter-
ten konnte nicht zärtlicher, und hinwieder
ihre Empfehlung in die mütterliche Liebe
und die ſchweſterliche Freundſchaft, nicht
rührender und edler ſeyn. Die angenehme Miſchung ihres runden, naiven und
zugleich beſcheidenen Weſens nahm in der

erſten

ersten Viertelstunde alle diese guten Leute
bis zum bezaubern ein. Denn gleichsam
mit dem ersten Fuß, den sie in des Gürtlers Haus setzte, war sie fest entschlossen,
den Schimmer eines so oft sie wollte weit
über ihren Stand brillierenden Mädchens,
vor ein und allemal abzulegen, und künftig vollends allein nach der Ehre einer wa-
kern Handwerksfrau zu eifern. — Als
Jacques sie, um Nachtessenzeit wieder heim-
brachte, stuhnden, den ältesten Sohn ausgenommen, alle ihre jüngern Brüder und
Schwesterchen mit verwainten Augen oben
an der Stiege: „Ach Lise! Lise! liebes
„Lischen!„ Sie erschrack im ersten Augenblick, und wußte nicht, was doch dieß
bedeuten sollte. — Die ältern von diesen guten Kindern fassen sie bey der Hand, die
jüngern hängen sich an ihre Schürze, und
fangen aufs neue zu wainen an — „Was

O

„ giebts, um Gottes willen! Herzenskin-
„ der! Was ists, was ists?„ —— „Lise!
„ Lise? — Nein, gelt? du willst mit
„ Herrn Jacques nicht Hochzeit machen?
„ Das wäre ja nicht recht, Herr Jacques,
„ uns die Schwester fortzunehmen —
„ wir waren Ihnen doch so lieb — und
„ Lisen auch!„

Bald darauf kam die alte Susanne aus
der Küche gerannt, schlug die Händ ob
dem Kopf zusammen, und schluchzte:
„ Jungfer, Jungfer! Herr Jacques! —
„ Jungfer Lise ist's auch wahr? Sie wol-
„ len uns verlassen? — Ach, mein Gott! —
„ Ach sie bekommen eine herrliche Jung-
„ fer, Herr Jacques! Gott segne Sie,
„ Herr und Jungfer! Das ist mir itzt
„ auch einmal eine Heurath! Aber, ach
„ mein Gott!„ — Für einen Liebhaber,
wie unser Freund war, mußte eine solche

Scene — dieß unverwerfliche Zeugniß von dem Werth seiner künftigen Frau aus dem Mund der Kindereinfalt und eines redlichen Dienstboten zu hören, wohl nicht mit Geld zu bezahlen seyn. Auch waren er und Lise so bewegt, daß sie sich, obgleich ungern, losreissen, und auf ihr Zimmer eilen mußten.

\* \* \*

Wir haben nun unsern jungen rechtschaffnen Handwerker durch mancherley Auftritte, bis zu dem so unendlich wichtigen Zeitpunkt in dem Leben eines Menschen, bis allernächst an seine Verbindung mit einer würdigen Gattin gebracht, die nunmehr seit sechszehn Monaten ihn zum glücklichsten Manne macht, und ihm vergangenen Sommer einen Sohn geschenkt.

Und nun, sagen Sie mir's auf ihr Gewissen, liebe Leser! wag' ich zu viel, wenn ich, mit Lisens Vater, kecklich behaupte: Daß, wenn jemand unter uns ein freyer, edler und glücklicher Mann genennt zu werden verdiene, so sey es ein solcher Bürger aus dem Handwerksstand: Der vor allem aus — denn das wird doch titulo per se niemand leugnen wollen — so gut als immer ein Bürger aus den höhern Classen unter uns, Rechtschaffenheit, Verstand, Klugheit und brauchbare Wissenschaft in seiner Person vereinigen kann; den hiernächst der tägliche Erwerb eines unfehlbaren reichlichen Brodts, wenn er zumal nicht für eingebildete sondern für irgend eines von den reellen Bedürfnissen, und mehr und minder unentbehrlichen Bequemlichkeiten des gesellschaftlichen Lebens, für die Nahrung, Decke, u. s. f. seiner

Mitbürger mit Fleiß, Treu und Geschicklichkeit arbeitet — den, sag ich, dieser sein nie versiegende Brodtkorb über alle drückende Nahrungssorgen und niedrige Versuchungen hinaussetzt, und ihn sicherlich unabhängiger von Menschen und Zeiten, als manchen ansehnlichen Negoziant oder Zinsenbicker macht: Kurz, mutatis mutandis ein Mann, wie unser junge Gürtler Jacques. „Ja! Der dein Ideal ist, gu-
„ ter Mann!„ werdet Ihr vielleicht sagen? „Oder dann ein Phönomen, wie
„ es alle hundert Jahr Eines giebt; eine
„ Schwalbe, die, so viel wir von unsrer
„ Logik verstehen, keinen Sommer macht.„
Ob Jacques ein Portrait ad unguem, oder bloß das Geschöpf meiner Einbildungskraft sey, das sag ich Ihnen zwar aus gewissen Gründen nicht, meine Freunde! Es ist aber auch daran keine Bohne

gelegen; da Sie mir zwey Dinge werden eingestehen müssen: Erstlich, daß wenn dieser Gürtler allenfalls auch nicht unter uns lebt und schwebt, er doch vom Kopf an bis zu den Füßen aus dem Reich der Möglichkeiten ist; und zweytens, daß moralische Schriftsteller gewöhnlich zum Endzweck haben, zu lehren — nicht was der Mensch und Bürger in jedem Stand, durch die Bank wenigstens, wirklich ist, sondern eben was er seyn sollte, und es auch, wann er ihren Vorschriften folgen will, gar leicht werden kann. — Daß hiernächst, wenn Jacques wirklich existirt, eine Schwalbe keinen Sommer mache, laß ich gelten. Aber was sagt mir dieß? Sollen wir ihn nicht gerade darum andern jungen Leuten seines Standes zum Nacheifer und zur Nachfolge aufstellen? — Zu behaupten übrigens, daß ein solcher Handwerker unter uns sogar ein Wunder sey, das nur alle hundert Jahr einmal erzeugt werde, heißt offenbar gegen alle Erfahrung die Sache groß und dick übertreiben — schmeichle ich mir doch nur für mein Individuum, daß ich mehrere aus dieser Klasse meiner Mitbürger kenne, und ein Paar davon unter meine liebsten Freunde zählen darf, mit denen sich unser bescheidene junge Gürtler kaum würde messen wollen, obgleich ich hinwieder ja allerdings zugeben muß, daß man sie, so wenig als die Phönixe aus allen übrigen Ständen, nicht bey Dutzenden schiessen kann.

Und nun noch einen Blick in die höchst wahrscheinliche künftige Geschichte von Jacques und Lise.

\* \* \*

Laſſen wir ſie funfzehn bis zwanzig Jahre nach ihren uns bekannten feſten und nüchternen Grundſätzen an dem Wohlſtand ihres Hauſes munter und einträchtig fortarbeiten, und ihre Kinder erziehn, wie wir geſehen daß ſie ihre Geſchwiſterte erzogen haben: Laſſen wir den edeln Mann (wohl verſtanden, ohne den mindeſten Abbruch ſeines Berufs und ſeiner übrigen nächſten und erſten Pflichten) – ich will nicht einmal ſagen zu der Zeit, da ſo viele ſeiner Mitbürger, die in weit engern Schuhen ſtecken als er, ſchon längſt Feyerabend gemacht, in der Badſchecke ſitzen, und entweder ihrer Haushaltung das trockne Brodt verſpielen, oder ſplitterrichten was ſie nicht verſtehen, und verleumden was ſie nicht verläſtern können; oder endlich, wenn's noch gut geht, zu Haus auf dem Kalbsfell ligen — nein! ſondern nur in jenen auch für hundert andre Ehrenmänner ganz verlohrnen Stunden, an den Sonntagen z. E. nach der Abendpredigt bis zum Nachteſſen, und die Woche durch ein Stündchen vor und nach demſelben, oder des Morgens frühe dieweil Frau und Kinder und alles Geſind noch ſchläft — laſſen wir ihn da in ſeinen klaßiſchen alten und neuen Schriftſtellern, verſteht ſich ſolchen, welche die häusliche und bürgerliche Weisheit vom Himmel unter die Menſchen herabgebracht, und zum Gebrauch zugerüſtet, beſonders aber in unſern vaterländiſchen Geſchichten und einheimiſchen Rechten, nach Wahl und Plan, wie ers ſchon in ſeinem ſechszehnten Jahr angefangen, fortſtudieren; ſeine Promptuarien und Eydsgenöſsiſche Abſchiedsregiſter nach ſeiner ganz eigenen geſchickten Methode fleißig fortſetzen u. ſ. f. u. ſ. und dabey immer noch mehr denken, als bloß lesen und schreiben; auch jenen seiner Zeit erwähnten interessanten Briefwechsel stets unterhalten, und wenn einer seiner alten Freunde stirbt irgend eine neue gute Bekanntschaft anbahnen — Vergönn ihm ferner zu einer angenehmen Abänderung von dieser seiner freylich liebsten gewohnten Erholung von der Arbeit, bey verdienstvollen Männern aus allen Ständen in unsrer Vaterstadt, in ihren eignen Ruhestunden, so oft es ihm beliebt, den freyen Zutritt. Laß ihn allenfalls auch einen regulären wöchentlichen Umgang mit etlichen wackern Herren und Bürgern halten, und seine Nachbarn sich an schwühlen Sommernächten um seine Werkstätte versammeln. Nicht um eine eitele Neugierde zu befriedigen, sondern um seine Kenntniß der Sachen und Leute zu berichtigen, wird er da die Begebenheiten und Neuigkeiten des Tags in Erfahrung zu bringen trachten — oder sonst, mittlerweil er bloße unschuldige Zeitverkürzung sucht, vielfältigen Nutzen erndten, den ihm vielleicht das Sitzen ob dem beßten Buch nicht verschaft hätte — und hinwieder unvermerkt mancherley Nutzen stiften. Als ein geschickter socratischer Dialecticus, und da er von dem Silberschmied das köstliche ridendo dicere verum gelernt, wird er bey gegebnen Anläßen diesen lieben Männern die lieblichsten, und, so viel ich weiß, einig brauchbaren Collegia über menschliche Pflichten lesen; zumal da sein eigner exemplarischer Wandel, und seine bekannte Klugheit auch seinem unmaßgeblichsten Rath ein Gewicht, und allen seinen Worten eine Würde und unwiderstehlichen Nachdruck geben muß. Die Alten, die mit ihm von der Arbeit und Hitze des Tages auf seiner Hausbanke ausruhen, nicken oder klatschen ihm darum ihren lauten Beyfall zu — und um sie her eine frutige Jugend horscht mausstill und — *Erstaunt; und zeigt sich in Gebehrden Voll edler Ungeduld noch löblicher zu werden.*

Dabey wird er die Anläße zwar niemals suchen, aber solche eben so wenig scheuen und ausweichen, falls sie sich ungezwungen darbeuten, wo er irgend einem seiner Mitbürger mit seinen Einschlägen, mit seiner Feder, mit einem guten Vorwort, nützliche und angenehme, und oft mit geringer Mühe die wichtigsten Dienste leisten kann. So manchen bitter aufgährenden, und ohne seine Dazwischenkonst weit aussehenden Streit unter Nachbaren, nahen Blutsfreunden oder Mitzünftern wird er

in der Geburt ersticken, oder in einem
Hause das wankende Ansehen des Vaters,
des Herrn, des Meisters wieder befestnen,
und unter mißvergnügten Ehen oder zwey-
trächtigen Geschwisterten den Frieden her-
zustellen wissen. Denn der Sturm des
brausenden Jünglings legt sich auf seine
Stimme. Die Haußmütter vergessen über
seinem rührenden Zureden ihren Geist der
Kleinheit und des Widerspruchs; weil er
ihnen nicht minder das eigenthümliche Gebiet ihres Ansehens mit Anmuth einräumt,
und allenfalls mit Feuer zu vertheidigen
weiß. Den reichen Vater wird er mit der
Geliebten seines Sohns aussöhnen, welche viele Tugenden aber wenig Vermögen
hat; mit andern Eltern hinwieder wird
er zu Rath gehn, wie das Unglück eines
Paars zu hindern sey, das nicht bloß ohne
Brodt, sondern auch ohne Lust und Ge-

schick solches zu erwerben, in seinem heillosen Leichtsinn dennoch zusammenkriechen will. So zweifle ich ferner keineswegs daran, daß unser Gürtler sich jenem, man sage was man immer will einem von den edelsten Geschäften wenn es in edle Hände geräth, oder vielmehr, nach seinem Sinn, einer wirklichen Bürgerspflicht falls öffentliches oder besonderes Zutrauen ihm solches aufträgt — ich meyne hie und da einer Tutel bemittelter oder unbemittelter Waysen, denn das gilt seiner Uneigen- und Gemeinnützigkeit gleichviel, ohne Bedenken unterziehen, und sich auf dieser für so manchen andern schlüpfrigen Bahn mit geringer Mühe in stets unbefleckter Ehre zu erhalten wissen wird. Ob und wie viel sich übrigens unser Freund sonst auch in andre öffentliche Geschäfte — es sey nun in die eigentlich sogenannten

Staatssachen, oder überhaupt in das was auf den Raths- oder Gerichtsstuben vorgeht, berathschlagt, veranstaltet, gerichtet, kurz gethan und gemieden wird — mit Worten oder Werken mischen werde; da kennen wir des Mannes dießfällige untadeliche Grundsätze, seine Bescheidenheit, seine herrschende Liebe für Regelmäßigkeit und Ordnung, bereits aus allzu vielfachen und entscheidenden Proben, als daß wir uns weitläufig darüber einlassen dörften. — Antheil, warmen innigen Antheil nimmt er freylich an allem, was den innern und äussern Wohlstand des Gemeinen Wesens antrift; und zwar geht es sicherlich dem Ehrenmann mehr zu Herzen, nach was für Principiis z. E. Krieg, Friede oder Bündnisse geschlossen, ob andere wichtige Standsgeschäfte klug und herzhaft ausgeführt, ob gute oder schlechte Polizeygesetze ge-

macht, ob sie vergessen oder vollzogen, ob öffentliche Aemter mit den tauglichsten Subjectis besetzt, folglich redlich, oder fahrlässig, oder untreulich verwaltet werden u. s. f. Das interessirt ihn mehr als z. Ex. ob der Bleiker seiner Frau ein Stück Tuch verdirbt, oder er in der Mezig schlechter Fleisch als sein Nachbar beköm̃t. Mehr sogar wird es ihm an oberwähnten Gemeinwichtigkeiten liegen, als daran: Ob Metall und Meßing, das Zeug woraus er doch sich und seiner Haushaltung ihr tägliches Brodt erarbeiten muß, auf- oder abschlägt — seinetwegen mag ihn dañ der gemeine Pöbel einen Narrn, und der vornehme einen Patrioten schelten. Deßwegen aber wirst du ihn die Dekrete und Consulta seiner ordentlichen von Gott und dem freyen Zutrauen ihrer Mitbürger gesetzten Obrigkeit niemals sondiciren oder vor irgend
einem

einem unbefugten Richterstuhl wiederäfern hören; und wenn eben nicht all und jedes so geht, wie es seinem edeln Sinn gemäß vielleicht wirklich gehen könnt' und sollte, so wird er darum eben so wenig sich selber mit einem eiteln Worteifer in Hitze jagen, als dadurch andre irre, unruhig und unzufrieden machen wollen. — Seine Begriffe über Wahlanliegenheiten, sind jene einig richtigen, und welche, im Ganzen versteht sich, niemals irre führen. So wird er z. Ex. wenn sich ein noch so naher Vetter, oder liebe Nachbar, Gebatter oder Mitzünfter, ein Mitofficier aus seinem Quartier — und was es derley Afterverhältnisse mehr giebt, um irgend eine Bedienung, es sey nun im Staat oder am Altar bewirbt, und ihn etwa umseln, man wisse es wohl, bey manchem großen Herrn vielgültiges Fürwort an-

P

spricht, ihm solches höflich, aber nicht minder rund abschlagen müssen, weil er von dem gedoppelten einfältigen Dilemma nicht weichen kann: Entweder sey der Mann absolute oder comparative mit seinen Mitwerbern zu der Stelle tauglich, oder er sey es nicht: Im ersten Fall werde ihm seine geringfügige Aßistenz ganz unnütz seyn; es sey nun, daß die Wähler, ohne andre Nebenbetrachtungen, auf Verdienste Acht schlagen wollen oder nicht: Denn daß sie es gegen ihre Neigung bloß auf seine Empfehlung hin thun sollten, zweifle er mächtig daran, da er ihnen nichts dagegen zu versprechen hätte, noch, wann er's könnte, solches thun wollte. Im zweyten Fall hingegen würde er titulo per se für niemand keinen Fuß bewegen, und wenn er auch sein Bruder wäre. Und zwar sey nach seiner Meynung kein

Posten, heiß er dann wie er will, so unbedeutend, daß es völlig gleichgültig seyn sollte, durch was für ein Subject solcher bekleidet werde. Bey den einten Stellen komm' es am meisten auf Treu, bey andern mehr auf die Einsichten an; bey dem dritten sey sogar ein Leibsgebrechen des Beamteten ein Hauptmangel. Ein blinder Zöller z. E. ein übelhörender Thorwächter, ein hinkender Läufer, ein engbrüstiger Stadttrompeter u. s. f. stehen einmal nicht an ihrem Ort, zu geschweigen, daß man in dem verwünschten Practiciren keinen Schritt thun könne, der nicht wieder andre nach sich ziehet, so daß man zuletzt damit nothwendig seinen ganzen Charakter verhudele. — Was dann endlich unsers Gürtlers Antheil an der Wahlfreyheit seiner Zunft betrift, so wird er bey den halbjährigen ordentlichen Anlässen mit der Einfalt eines Kinds, seine offene Namsung oder seine heimliche Stimme dem nach seinem Sinne wegst und besten geben, ohne den mindesten Prunk — und hinwieder ohne die mindeste Menschenforcht, ohne einicherley Finouliren und Distinguieren, welche uns in Gewissenssachen — es mahnt einen an die Holzwege bey den Bergreisen — zehenmal gegen Eins, wenns noch gut geht, gerad in die Mitte des unrechten Wegs, oder gar an einen gefährlichen Abgrund, oder sonst in eine Pfütze führen — wie denn verschiedene superfeine Eydskasuisten wirklich nach einer solchen Fatalität zu riechen scheinen. — — Mittlerweile rückt Jacques, unser wegen seiner edeln Einfalt, Redlichkeit und ungemeinen Einsichten von allen Ständen gekannte, geehrte und geliebte Mann — der nach dem Zeugniß der ganzen Stadt mit samt seinem Schurzfell, wahrlich schon lange Zunftmeisterhosen trägt — es rückt, allmählig der traute liebe Mann mit star‍ken Schritten seinem fünfzigsten entgegen; und ein Tribun auf seiner Zunft stirbt, oder meinet - und seinetwegen, was wis‍sen wir, wird ausgestellt. Die erste oder. zwente oder dritte Namsung (auch daran. wird nichts gelegen seyn, so wenig als wer solche thut) fällt auf ihn. Alles stutzt und horcht, was der Gürtler thun — „Ob er „ — seine Herren Vorgesetzte müssen ihm dieß Zeugniß geben, wie der letzte Zünfter — „Ob er eine nie gesuch‍„te, aber beßtverdiente Ehre, die ihm — „man siehts jedermann an den Augen „an — beynahe das allgemeine Zutrauen „seiner Zunftbrüder auftragen möchte — „nein, ob Gott will, doch nicht ausschla‍„gen wird? — der Mann, der sich stets

„ zu edeln, grandiosen und besonders auch
„ über diesen Punkt ungewohnten Grund-
„ sätzen bekennt — der sich in den gemäch-
„ lichsten, und man kann wohl sagen in
„ blühenden Glücksumständen befindt; der
„ von seinem Vater 5000. fl. und von
„ seinem Schweher eher mehr als min-
„ der, ererbte Mittel besitzt, wenn er
„ auch bey der guten Profeßion, worinn
„ er nunmehr bald zwanzig Jahre meist
„ vom Morgen bis in die Nacht arbeitet,
„ nichts erübriget hätte; der endlich einen
„ erwachsenen Sohn hat, welcher das
„ Handwerk forttreiben kann, und gewiß
„ durch seinen Fleiß und wahrhafte Ar-
„ beit dieser Werkstätte eher neue Kunden
„ pflanzen, als die alten vertreiben wird,
„ u. s. f. „ Man betriegt sich nicht. Jacques, den gewiß der äussere Schimmer
der ihm anerbotenen Würde nicht blenden

kann; der überhaupt das Glück eines unbekannten und unbeneideten Privatlebens, in Vergleichung der glitschenden Bühne der öffentlichen Staatsverwaltung sicherlich so gut als einer nach seinem wahren Werth zu schätzen und wohl weiß, was besonders ein Mann von seinem Stand für wagliche Opfer thun muß, wann er sich auf diese letztre stellen, und sey es itzt ein, oder zwanzig oder dreyßig Jahre, mit Ehren, und beruhigendem Beyfall des eigenen Herzens darauf erhalten will; der sich daneben von seiner bisherigen Lebensart nur mit größter Mühe wird losreissen können; dessen Gesundheit, bey seinem schweren Körper, die Bewegung bey einer mäßigen Handarbeit so treflich zu statten kömmt; und ihm's so wohl behaget, wann er sich des Abends, bald bey einer wohl gewählten Lektur, bald an der Seite seiner Gattin, mit Prüfung der verschiedentlichen Progresse seiner ältern Kinder, oder an den süßen Spielen der jüngern ergötzen kann. Alles dessen ungeachtet, sag ich, ist unser Gürtler in seiner edeln Einfalt fest beredet, daß er nun einmal in foro conscientiæ nicht in dem Fall des Bürgers sey, dem unsre Satzungen erlauben, aus wichtigen Gründen eine Tribunatsstelle auszuschlagen. Darum erlaubt er sich auch nicht einmal den Versuch, mit irgend einer höflichen Ausflucht die auf ihn gefallene Namsung von sich abzulehnen, sondern unterwirft sich ohne einige Grimace der Wahl, und dem Herrn seiner Schicksale den Ausgang derselben. Und nun wird unser Freund, es sey itzt einhellig oder durch die Mehrheit, wirklich erwählt. Als er wieder in die Stube tritt, rührt seine kurze Anrede die er einzig aus den individuellen Empfindungen seines Herzens holt, und mit großer Bewegung ausspricht, jedermann bis zu Thränen; so wie es keine von jenen flosculösen Standsreden nimmermehr thun wird, von denen eben auch eine zum Titul führt: Danksagung, wann einer unbegehrt und unerwartet Zunftmeister wird. Die ganze Stadt, Vornehmes und Gemeines, bis auf die Kinder, Knecht' und Mägde auf der Gasse, freuen sich über diese Wahl; kein Mensch schüttelt den Kopf, wie es sonst etwa bey solchen Anläßen zu geschehen pflegt. — Noch an demselben Abend seiner Erhöhung heißt er Lisen mit den Kindern und dem Gesinde auf sein Zimmer kommen; setzt sie rund um sich her, und bittet und beschwört eins um das andre, weiter durch eine löbliche, Gott und Menschen gefällige Aufführung und unausgesetzte Erstattung aller ihrer Pflichten das ihrige beyzutragen, damit ja die vor ein paar Stunden mit ihm vorgegangene, übrigens ehrenvolle Veränderung, die er einem jeden aus ihnen nach seiner Fassung zu erklären sucht, ihm nicht zu einer unerträglichen Last, und ihnen selbst zur Schande und zum größten Unglück gereichen möchte. Darauf warnt er seine Töchter noch besonders, vor der, auch in den Häusern des Handwerkers, nach dem ansteckenden Exempel der höhern Stände, stets zunehmenden Pracht und Eitelkeit. Seinem ältesten Sohn trägt er das Regiment in der Werkstätte, und dem nachältesten die Besorgung des Conto- und des Zinsbuches auf. — „Denket ihm fleißig „nach ihr Kinder! Die Arbeit meiner „Hände ist, nach dem Willen der alles „leitenden Fürsehung, von dem heutigen

„ Tag an, euerm Brodtkorb entzogen;
„ wenn ihr nicht durch Sparsamkeit und
„ verdoppelten Fleiß die Lücke wieder aus-
„ füllt, so erwarten Euch, so wahr Gott
„ lebt! selbst verschuldete Armuth, Ver-
„ achtung aller Rechtschaffenen und die
„ niedrigste Abhänglichkeit; entsetzliche,
„ Euch bisher kaum dem Namen nach be-
„ kannte Uebel, da sie noch niemal in un-
„ serm Haus eingekehrt sind!„ „Was„
(hör ich hier den Pöbel fragen) „was
„ redt der Gürtler da von selbst verschul-
„ deter Armuth die in eines Zunftmeisters
„ Haus einkehren sollte? — Ja freylich
„ in dem Fall wohl selbst verschuldt, wenn
„ dieser donquischottische Tribun immer
„ so fortfährt, daß er sich allenthalben
„ auszeichnen, stets klüger als andre, und
„ ein doppelter Biedermann seyn will.
„ Aber der Hasenfuß wird sich schon eines

„ bessern bedenken, und die Trauben nicht
„ mehr sauer finden, so bald er sie errei-
„ chen kann. „ — —

Nun! es ist freylich, wie schon die lieben Alten sagten, ein gewagtes Ding, über
irgend einen Menschen, heiß er wie er
will, ein völlig zuverläßig Urtheil zu fällen,
bis ihm sein letzter Tag erscheint. Aber
so viel wird man doch zugeben, wenn auch
je einer solche mesquine Grundsätze des zumal heut zu Tag alles Fleisch beherrschen-
den Unglaubens an menschliche Tugend
Lügen straft, so wird es unser Freund
thun. Sey er immer in aller Erbsünde
empfangen und gebohren, so wissen wir
hinwieder, was Erziehung und Angewöh-
nung zum Guten von der frühesten Jugend
an, und eine fünfzigjährige Uebung darinn, wie uns Eberhard lehrt sogar an
einem Heyden, geschweige an einem Christ-

lichen Gürtler ausrichten kann. Wir sagen also noch einmal: Bürgen thut man würgen, wie der weise König spricht; aber nichts destominder, wenn auch noch eine logica probabilium in der Welt gilt, so wird Jacques sich eben im Tribunat auszeichnen, wie ers bisdahin in seinem häuslichen und gemeinbürgerlichen Leben gethan. Braucht er doch nicht erst ein verständiger, geschickter und rechtschaffner Mann zu werden, der gottesfürchtig, tapfer, ehrbar, und dem Geiz feind sey, u. s. f. sonder nur solches zu bleiben. Nun, ob Gott will, geht auch dieses Wunder ganz natürlich zu; und sind die leichten Mittel, die er zu dem End ergreifen wird, kürzlich folgende. — Erstlich dürfen wir fest überzeugt seyn, und haben es zum Theil von ihm schon selbst gehört, wie er nichts minder als im Sinn hat, es zu leiden, daß auf Rechnung der neuen Würde in seinem Haus irgend eine seinen Privatumständen nachtheilige Veränderung getroffen, und thörichter Weise in irgend einem Stück von der bisherigen Lebensart, von der strengsten Ordnung und Zucht unter den Kindern und Gesinde, dem Arbeiten von einer Bätglocke zu der andern u. s. f. u. f. weder wenig noch viel abgewichen werde. Und da versteht es sich freylich, daß so wie in allen Stücken, auch hierinn, der Hausvater seinen Hausgenossen unausgesetzt mit seinem Exempel vorleuchten muß. Also wird unser Zunftmeister vor allem aus für sich selber sich zur wahren Ehre rechnen, kurzweg der schlecht und rechte Gürtler Jacques zu bleiben, der er zuvor war. — Kömmst du an den Morgen, da nicht Rathstag ist, oder an den Nachmittagen, wenn er keine Dicasterien hat, in sein Haus, so findst du ihn zum öftern in seiner Werkstätte, wo er bisweilen mit größter Lust noch selber Hand anlegt; und wird er weniger erröthen müssen, wenn du ihn da im Schurzfell, als ein anderer den du auf seinem Kanapé überfällst; braucht es doch nicht mehr Zeit, sich den Ruß von der Stirne, als den Mittagsnuck aus den Augen zu reiben. — Oder, wenn du ein triftiges Anliegen hast — denn freylich einer Lapperey wegen wird er dich nicht zwo Treppen hoch bemühen wollen — so gehe nur mit ihm ins Zimmer hinauf. Ob er dich auf einen Fauteil setzen kann, weiß ich nicht? Dagegen will ich dir — was dich doch am meisten interessiren muß — nicht nur für die beßte Audienz quoad formam; sondern hauptsächlich quoad materiam für einen klugen, zuverläßigen und austraglichen Bescheid, auch in den schwierigsten Fällen, Bürge seyn. — An den Abenden trifst du ihn nunmehr vollends Jahr aus Jahr ein entweder überhaupt ob der Lektur und Meditation, oder ob der besondern Vorbereitung zu irgend einem wichtigen Rathschlag, Rechtshandel, u. s. f. stets bey Haus an. Fürchte nicht, daß er darum nach und nach menschenscheu und düster werde, oder gar wähne, die Würde seines Stands erheisch es nun, den feyerlichen Sauertopf zu spielen. Denn sein heiterer Verstand, sein glückliches Temperament, und für alles was menschlich ist stets offenes Herz, wird ihn vor einer solchen Nachtkappenweisheit wohl zu verwahren wissen. Vielmehr ist er auch bey seinem stark herannahenden Alter die Geselligkeit selber; besonders aber ein Freund und Gönner der rosenfarbnen frölichen

Ju-

Jugend. Verschiedene edle und einsichtlige Jünglinge aus den höchsten Ständen besuchen ihn zum öftern, pflegen seines Raths über die Wahl und Einrichtung ihrer vaterländischen Studien, unterwerfen ihre öffentlichen und Privataufsätze seiner Censur; arbeiten unter seinen Augen, helfen ihm seine trefliche Sammlung von Helveticis, die ihnen zu eigenem Gebrauch unbeschränkt offen steht, fortsetzen, vervollständigen und rangieren. Alle Wochen regular einmal bringen sie bey ihm einen ganzen Abend zu. Da waltet das Gespräch bald über ein wichtiges auf dem Tapet liegendes Staatsgeschäft, bald über merkwürdige Welt- oder Stadtneuigkeiten u. s. f. u. f. wie es sich jedesmal am natürlichsten füget — Da üben sie sich, nach dem Exempel des ehrwürdigen Mannes ganz unvermerkt in der seltenen Kunst, einen jeden vorkommenden Gegenstand von mehrern Seiten zu betrachten, ohne darüber in einen imbecilen Scepticismus zu verfallen; immer das Ganze ins Aug zu fassen, und darum selten ein schwankendes oder übereiltes Urtheil zu fällen; auch den heftigsten Widerspruch als den einzigen Schmelztiegel der Wahrheit geduldig zu ertragen; in dem muthigsten Kampf für dieselbe niemals die köstliche Gabe der Gleichmüthigkeit zu verlieren; alles zu prüfen, aber freylich am End, ohne Compromittieren, stets das erkannte Beßte zu behalten. Sie lernen von ihm, sich simpel, nachdrücklich und kurz, von der Leber weg, aber dennoch stets edel ausdrücken; allen Doppelsinn und Truggeweb im Raisonnement, nicht bloß als einen unerlaubten Kunstgriff verabscheuen, sondern auch zugleich als eine Schlinge kennen, in welcher neunmal unter zehen der Sophist sich selber mehr als seinen Gegner verstrickt, u. s. f.

Wie aber unser Tribun auf den Einfall eines solchen vertrauten Umgangs mit dem Kern des jungen Auflugs seiner Mitbürger geräth! Nichts ist natürlicher: Da ihn einerseits tausend Erfahrungen auch in seinem neuen Wirkungskreis immer mehr in der Ueberzeugung besteiffen: Aus den Vätern sey nichts mehr zu ziehen; man müsse sein Hauptaugenmerk auf die Söhne richten! und er andrerseits dafür hält: Ein ächter Staatsmann sollte sogar seine Ruhestunden dem Gemeinen Wesen so nützlich wie möglich machen. Auch gewährt die Ausführung des schönen Gedankens ihm selber das herrlichste Ergötzen. Und, wie sollte er sonst die kurze Zeit, die er zu nöthiger Erholung von seinem steten Arbeiten und eifrigen Nachdenken braucht, süßer zubringen als mit diesen aufblühenden Compatrioten die ihn als ihren zweyten Vater ehren; die er hinwieder wie seine eignen Söhne liebt, und in ihnen, o welcher Lohn! die Hofnung besserer Zeiten voraussieht. Vergebens wollen ihn darum verschiedene seiner Bekannten bereden, lieber mit ihnen die gewohnten Zunft- und Gesellschaftshäuser oder Privatcameradschaften zu besuchen. Sie können unmöglich begreiffen, daß ein alter Herr, wie er, noch Holz spalten, und sich dergestalt mit einer ungeschlachten und undankbaren Jugend abgeben mag. Er weißt sie aber stets mit einer geschickten Ausflucht oder launigtem Einfall so abzufertigen, daß sie sich dadurch niemals für beleidigt halten können, und ihn endlich ruhig lassen. Dagegen denkt er: Ein Dienst ist billig des andern werth, und

nimmt darum gerade von den mühesam-
sten und verdrießlichsten Geschäften, wo
sich sonst niemand ins Joch spannen läßt,
immer eine Menge, doch auf einmal nie
mehr als seine Schultern ertragen mögen,
mit größter Freude und verbindlichsten Gefälligkeit auf sich; und zwar ohne solches
in irgend einen Anschlag zu bringen, wie
es sonst die wenigen laboriosen Leute von
heut zu Tage zu thun pflegen. Vielmehr
tritt er einmal, da ihm die öffentliche Dankbarkeit eines der einträglichsten Aemter der
Republik wahrscheinlich mit entscheidender
Mehrheit aufgetragen hätte, einem Mit-
kompetenten, versteht sich einem Ehren-
manne, den aber der Schuh drückt, freywillig auf die Seite, und sagt: Da müsse
man eben warten! — Endlich erhält er doch
sechs Jahre nachher, in seinem Drey bis
Vier und sechszigsten, mit einhelligem Zu-

trauen eben diese Bedienung, und zeigt da das Ideal einer geschickten und gewissenhaften Amtsverwaltung in einer solch unzweydeutigen Wirklichkeit, daß auch der Ungläubigste an der Möglichkeit desselben nicht länger zweifeln darf. — Was dann jene kleinern einträgliche Pöstchen und Stellen an allerley Dicasterien anlangt, so kann man sich nach der bekannten Denkart unsers Freunds wohl vorstellen, daß er nur nie in Versuchung geräth, durch das Nahezustehn, geschweige durch ein nimmersattes Nachwerben um dieselben, die Achtung seiner Miträthe, und damit seine Unabhängigkeit, und allen seinen Einfluß zu verscherzen. Hinwieder siehet er auch andrer ihr allzuaffektirtes Ablehnen solcher Stellen für eine von jenen heumodischen Aftertugenden an, womit man etwa seinen übrigen Unwerth, oder noch gröbere Schwachheiten zu verkleistern trachtet. Nach unsers Tribuns nüchternem Sinne hingegen, wird ein vernünftiger und rechtschaffner Mann, dergleichen an und vor sich gewiß wichtige und ehrenvolle, also bloß dadurch geschändete Posten, weil sie eine gewisse Reihe von Jahren durch, einzig um ihrer noch so unbedeutenden Emolumente willen, gierig gesucht, und eben so bekleidet wurden — er wird solche, sag ich, durch seine Einsichten und Treu bald wieder zu ehren wissen, und es wirklich für seine Pflicht achten, alle Anläße, die sich hiezu ungezwungen darbeuten, mit Freuden zu ergreiffen. So gewinnen z. E. unter seiner Verwaltung verschiedene sonst wie vor nichts geachtete Regalien eine ganz neue systematische Gestalt, und einen Zuwachs der jedermann in Erstaunen setzt. Da ist von keiner Partheylichkeit, von keinem Abmachen, von keinem quid pro quo die Rede. Auch den künstlichsten und neuesten Schleichen, womit der Privatus sowohl, als der Unterbeamtete u. s. f. u f. den Fiskus berücken wollen, weißt er überall und bald im Anfang hinter den Sprung zu kommen, und darf an ihnen das mindeste unordentliche oder gesuchigte Wesen unerbittlich rügen, da ihm niemand, auch nur nicht im Herzen, die Wiederfuhr geben kann: Was siehest du den Splitter in deines Bruders Auge u. s. f. Diese, sogar über alles Achselzücken erhabene, und im kleinsten wie im größten durchaus probhältige Uneigennützigkeit des Zunftmeister und Gürtler Jacques nun, ist abermals die Folge seiner festen Ueberzeugung von jener theuern Wahrheit, woran sonst so wenige seiner Mitbürger glauben wollen: „Daß sich nämlich bey uns,

„ wohl verstanden auf erlaubten Wegen,
„ niemand vom Staate nähren kann, der
„ nicht zugleich noch immerfort, oder viel-
„ mehr mit verdoppelter Aufmerksamkeit
„ trachtet, daß durch Fleiß, Eingezogen-
„ heit, Ordnung und Sparsamkeit in
„ seinem Hause der bisherige Erwerb des-
„ selben erhalten und geäufnet werde;
„ daß folglich, wenn er auch zu einer von
„ den einträglichsten Bedienungen unsers
„ kleinen Mutterstädtgens gelangen mag,
„ seiner Oekonomie damit kümmerlich
„ wieder ersetzt wird, was ihr durch Ent-
„ ziehung des nunmehr ganz dem Staat
„ gewidmeten Hausvaters, bisweilen zu
„ namhaften Schaden, abgeht: Daß end-
„ lich vollends, vermittelst jener armseli-
„ gen Nebenressourcen vom zweyten und
„ dritten Range, wenn man solche an-
„ derst nicht durch die gröbsten Nieder-

„trächtigkeiten flüßig machen will, höch=
„stens dem Mann sein Mählin im buch=
„stäblichen Sinn, aber niemals deſſelben
„wahrer und eigentlicher Brodtkorb, das
„Erbgut ſeiner Kinder u. ſ. f. u. ſ. ge=
„beſſert wird.„ Wer Ohren hat zu
hören, der höre! — —

# Etwas
## für die gute Sache
### des
# Ehestands.

Fragmente aus öffentlichen Vorlesungen.

— — Apropos! ich kenne einen Mann (Sie kennen ihn vielleicht nicht) der gewiß unter allen Weiberhässern am schärfsten und feinsten gegen dieses Geschlecht losgezogen ist: Ich meyne den Doctor Antonio Cocchi. Wahr ist's, der Mann hat sonst allerley seltsames Zeug geschrieben, und uns unter anderm schon lange vor Rousseau das Wurzelfressen wieder belieben wollen. Zudem lebte er in einem Land, wo bekanntlich das weibliche Geschlecht in der gröbsten Unwissenheit, und zugleich einzig dazu gezogen wird, den Werken einer zügellosen Liebe obzuliegen; und war aus einer Stadt gebürtig, wo z. E. eine Dame vom höchsten Range, die sonst gar nicht den Air einer unverschämten Dirne hatte, mir, und einem meiner Reisegefährten, das Portrait eines Grande di Spagna, den sie liebe, mit dem bescheidenen Hinzuthun wies, daß er in ein paar Monaten wieder auf Florenz kommen, und dem Kinde, welches sie unter dem Herzen trug, Pathenstelle vertreten werde. Was endlich noch das seltsamste ist, Cocchi, der, wie wir nun hören werden, so laut wider den Ehestand redt, hatte — nicht nur etwa Ein — das liesse sich erklären — aber — man höre doch, drey Weiber nach einander. Doch dieses alles nur im Vorbeygehn. Laßt sehen, was der Mann für tausend Siebensachen anzubringen weiß, sein Paradox aufzustützen.

„Das menschliche Leben „ (fängt er an) „ist eine abwechselnde Reihe angenehmer „und unangenehmer Begegnisse, welche von

„einigen Zwischenräumen von Unempfind-
„lichkeit oder Ruhe unterbrochen werden.
„Von der verhältnißmäßigen Anzahl,
„Dauer und Lebhaftigkeit der angenehmen
„und unangenehmen Empfindungen hängt
„das Maaß unsrer Glückseligkeit oder un-
„sers Elends ab: Ein ganz glückliches Le-
„ben ist unsrer Gattung nicht vergönnt, wel-
„che durch Empfindung irgend eines Man-
„gels zu derjenigen Thätigkeit gebracht
„werden muß, ohne welche der Mensch
„den Endzweck seiner Schöpfung nim-
„mermehr erreichen würde. Indessen
„strebt jeder aus uns nach Glückseligkeit:
„Da wir aber von den unendlichen Fol-
„gen unsrer Handlungen nur die wenig-
„sten und nächsten, und auch diese sel-
„ten mit Gewißheit vorhersehen, so ge-
„schiehet es öfters, daß, indem wir ein
„Gut suchen oder wirklich finden, wir

„dafür oder zugleich ein überwiegendes
„Uebel erjagen. Hieraus erhellet unter
„anderm die Wichtigkeit der Untersuchung
„von den Vorzügen und Nachtheilen der
„verschiedenen Lebensarten der Menschen.
„Um davon so richtig wie möglich zu ur-
„theilen müssen wir die Eräugnisse betrach-
„ten, welche mit einer jeden derselben,
„menschlicher Weise zu reden nothwendig,
„verbunden sind; und uns besonders hü-
„ten, die Summe der Folgen, welche dar-
„aus entspringen, niemals nach dem An-
„fang der Reihe derselben zu beurthei-
„len, solcher mag nun angenehm oder
„widrig seyn.„ Mit dieser, wahrlich
höchst philosophischen Cautel, geht unser
Verfasser an die Untersuchung des Ehestands. — Das vornehmste Vergnügen
(es wäre besser gesagt, das erste) welches
den Menschen zu diesem Stand anreizt,

ist

ist das Sinnliche des Beyschlafs. Dasselbe wird ganz gut physisch erklärt. E. glaubt, daß die damit verknüpfte Lust darum bey dem Menschen größer sey als bey dem Thiere, weil er Begriffe abzusöndern und wieder zu vereinigen im Stand ist, und viele innere Sinnen zu haben scheint, die andern Thieren fehlen. „Indessen„ (fährt er fort) würde dieser Naturtrieb in der „Gesellschaft die entsetzlichste physische „und sittliche Unordnung anrichten, hät„ten nicht die Menschen auch dießfalls „ihre natürliche Freyheit um ihres eige„nen Beßtens willen beschränken lassen. „Daher alle die unangenehmen und nach„theilige Folgen regelloser Lüste und un„gesetzmäßiger Verbindungen; ihre bür„gerliche Bestrafung, der üble Ruf, die „innern Unruhen, welche sie nach sich „ziehen u. s. f. Hingegen gestatten, wie

„ gesagt, die Gesetze einem jeden die Frey-
„ heit, sich mit einer Person des andern
„ Geschlechts fleischlich zu verbinden; doch
„ mit dem Bedinge, daß er sich mit der
„ einmal getroffenen Wahl begnügen muß:
„ Dafür aber besitzt er den gewählten Ge-
„ genstand ausschliessungsweise, sicher vor
„ gewissen physischen Gefahren der schwär-
„ menden Venus; hauptsächlich aber mit
„ Befriedigung des eigenen Herzens, mit
„ dem Beyfall anderer, und kurz, mit
„ jener eingebildeten Beruhigung, wel-
„ che überhaupt der Endzweck von des
„ Menschen mühseligstem Dichten und
„ Trachten ist. „ Aus allen diesen Gründen muß C. zugeben, daß das sinnliche
Vergnügen der Liebe nicht leicht anders
gefunden und sicher genossen werden könne, als im Ehestand. Aber mit Eins wagt
hier der Doktor die Behauptung: „Einer-

„ seits, daß der Reiz des Fortpflanzung-
„ triebes bey vielen Menschen entweder
„ von Natur oder aus einem durch Ue-
„ berlegung zuwegegebrachten Entschlusse
„ nur ganz gelinde sey, und die periodi-
„ schen Anfälle desselben nach dem ersten
„ Drittheil des wahrscheinlichen Lebens
„ eines Menschen immer seltener und
„ schwächer werden; „ und anderseits:
„ Daß, sobald wir zum ungestörten Besitze
„ eines begehrten Guts gelangen, folglich
„ die angenehme Unruh aufhöre, womit
„ wir solches verfolgt haben, so vermin-
„ dre sich auch sein Werth urplötzlich und
„ merklich in unsrer Einbildung; und end-
„ lich mache die Gewohnheit des Genus-
„ ses einer Sinneslust uns solche vollends
„ gleichgültig oder gar widrig. „ Daraus erklärt uns T. nach aller Ehestands-
hässer Weise, den bekannten schönen Satz:

Daß die Ehe das Grab der Liebe sey. Aber ganz seltsam verstrickt er sich in seinem Raisonnement unter andern darinn, wenn er, man merkt wohl warum, zuerst die Eifersucht des Liebhabers daraus zu erklären sucht: Daß ein solcher noch immer den Gegenstand zu verlieren fürchte, welche ihm eine ausserordentliche Lust zu gewähren verspricht; aber wenige Zeilen nachher die nämliche Leidenschaft bey den Ehmännern, wieder aus ganz andern Quellen, aus dem Stolz und Point d'honneur, aus ökonomischer Klugheit u. dgl. herleiten muß. Und überhaupt, was will E. mit seinen beyden Hauptobservationen, wovon die erstre falsch ist, und die andre sicherlich nichts beweiset, als daß der Verfasser unter einem Himmelsstriche gelebt, wo überhaupt die Befriedigung der Fleischeslust, nicht nur für den vornehmsten und erſten, ſondern man kann wohl ſagen, für den einzigen Endzweck der Verbindung beyder Geſchlechter geachtet wird. — Daß der Reiz zu dem Fortpflanzungstriebe bey vielen Menſchen von Natur ſchwach ſey, davon wird mich weder C. noch irgend ein andrer Arzt oder Naturforſcher bereden können. Seltene, höchſt ſeltene, aber nicht viele Ausnahmen laß' ich gelten, und denke alsdann: Daß, wenn die Natur mit ihrer dießfälligen ſonſt ſo vernehmlichen Sprache in das Herz einiger froſtigen Erdenſöhne nicht durchdringen kann, ſo ſey ein ſolches Uebelhören freylich Diſpenſations genug von der ſonſt allgemeinen Verordnung: „Seyt fruchtbar und „mehret Euch!„ Nur muß man nicht mit dem ehrlichen Doktor Miller in den frommen Aberglauben verfallen: „Daß „die Würde der menſchlichen Natur, und

„ die Ehre der Religion es erfodern, daß
„ alle Tugenden, folglich auch eine gänz-
„ liche Abstinenz von Menschen ausgeübt
„ werde, „ und also von Zeit zu Zeit einige auserlesene Ehrengeschirre zum Cö-
libate gleichsam prädestinirt seyn. Was
aber C. von einem standhaften überlegten
Entschlusse sagt, und solchen von der Tem-
peraments-Enthaltsamkeit ausdrücklich un-
terscheidet, das dünkt mich vollends ein
Mährchen oder Mirakel aus der Stoa:
Man weißt nun heut zu Tage zur Genüge, mit was für Reservation die Ewigen
Keuschheitsgelübbe in und aussert den Klöstern gehalten — oder gebrochen werden,
welches man lieber will. Daß das Salz
der ehelosen Liebeslust so bald seine Schär-
fe verliere, und dann freylich gewisse Eheleute nicht wissen, womit sie nunmehr ihre
Gesellschaft würzen wollen, ist überhaupt

eine richtige Bemerkung: Nur muß sie nicht zu weit ausgedähnt, hauptsächlich aber müssen weder la Fontaine noch Boccaz, sondern Natur und Erfahrung hierüber zu Rath gezogen werden. Doch C. antwortet sich selbst am allerbeßten, und fährt in seinem zweyten §. also fort: „Allein, wenn gleich in dem Ehestand die „physische Liebe vermindert wird, so folgt „doch daraus nicht, daß eine solche „Verbindung jene andre Art von Liebe „ausschliesse, die wir Freundschaft und „Zärtlichkeit nennen, und dergleichen „man sehr oft unter Eltern und Kin„dern oder unter wahren Freunden „gewahr wird.„ Indessen giebt gerade dieser Anhang schon zu verstehen, wo der Doktor wieder hinaus will. Nachdem er uns die Seligkeit der Freundschaft mit etlichen reizenden Zügen geschildert,

und überhaupt den allgemeinen Trieb der Zuneigung gegen unsers Gleichen erklärt hat, fährt er also fort: „Aber diese Nei-
„gung ist nicht gleich gegen alle Men-
„schen; sondern desto stärker je größer
„und inniger ihr Verhältniß zu uns ist.
„Ohne diese Ordnung in der sittlichen
„Welt, die ein sinnreicher Kopf mit dem
„Gesetz der Schwere in der physischen
„vergleicht, würden die Bande der Ver-
„wandtschaft, Freundschaft, und andrer
„Gesellschaften welche das menschliche
„Geschlecht zusammen halten, unwirk-
„sam, oder gar aufgelöst werden.„ —
Hierauf untersucht er die Ursachen, durch welche jene ungleiche Zuneigung der Menschen gegen einander hervorgebracht wird. Eine der ersten ist die Bekanntschaft, welche schon allein uns bewegen kann, die natürliche Neigung zum Lieben in ver-

schiedenen Graden auszuüben, wenn der Gegenstand mit dem wir bekannt werden nicht einen besondern Grund zur Abneigung oder gar zum Abscheu bey sich führt. Daraus lassen sich vielleicht die älterliche Zärtlichkeit, die Liebe des Vaterlands und andre solche standhafte Neigungen hinlänglich erklären, ohne daß man allemal zu Eigennutz und Eigenliebe seine Zuflucht nehmen muß, die sich freylich nicht selten ins Spiel mischen, und überhaupt unter die stärksten Motive der menschlichen Geselligkeit zu zählen sind. — Mit der Erkenntniß der Vortheile, die wir aus unsern Bekanntschaften ziehen, entsteht hiernächst ein neuer Trieb in uns: Die Dankbarkeit, welche die Freundschaft vollends dauerhaft macht, und auf beyden Seiten die Bewegursachen des Wohlwollens und Wohlthuns unterhält. Und endlich entflammen Ehrgeiz, Mitleiden u. s. f. uns bekanntlich in hohem Grade, unsre Nebenmenschen überhaupt, und unsre Freunde insbesonders werkthätig zu lieben. Aus alle diesem folgt: „Daß, wenn in „ dem Ehestand sich viele von den ober- „ zählten Motiven und in hohem Grad „ befinden, die Freundschaft in demselben „ sehr stark seyn müsse. „ Wer sollte nun daran zweifeln, daß C. hier auf der Stelle der ehelichen Gesellschaft die vorzügliche Ehre geben würde, welche ihr gebühret. Man erstaunt darum über folgende Seitensprünge, und die plötzliche Abtrünnigkeit von seinen allereigensten Grundsätzen. „ Wahr ist's „ (fängt der Doktor an) daß „ es dem Ehestande weder an feyerlichen „ Zubereitungen, noch an dem piquanten „ Genuß einer lange begehrten Lust ge- „ bricht, die in der That im Anfang auf-

„ serordentlich groß seyn muß; auch nicht
„ an freudigen Begebenheiten; an öftern
„ Anläßen zu wechselseitigem Wohlthun,
„ Dankbarkeit, Hochschätzung u. s. f. „ —
Hierauf mahlt er wirklich ein Bild der ehelichen Hilfsleistung mit den schönsten Zügen aus. Allein (fährt er mit einmal fort)
„ es scheint, daß diese Freundschaft in der
„ Ehe so wenig als die Liebe anhaltend
„ groß seyn kann, weil „ — man höre
doch — „ weil auch die guten Frauen,
„ theils durch die Eigenschaften ihres Her-
„ zens, theils durch ihre unrichtige Denk-
„ art, oft Gelegenheit zu Gleichgültig-
„ keit, Widerwillen und Geringschätzung
„ geben. „ Ich kann die Anmerkung nicht
genug wiederholen, daß C. seine Ejakulationen gegen das schöne Geschlecht ungefähr aus der nämlichen Büchse nimmt,
woraus, wenigstens vor Zeiten, so viele

Ungläubige ihre Einwürfe gegen das Christenthum entlehnt haben: Er schließt nämlich von seinen schlichtigen Florentinerinnen beständig auf die ganze Weiberwelt; dichtet allen verheuratheten Frauenzimmern unaufhörliche Anschläge auf die Ehre, Ruhe und Glücksgüter ihrer Männer an; hält ein jedes Mannsbild welches in sein Haus kömmt für einen Schänder seines Ehebeths, eine jede Weibsperson für eine Maquerelle; und glaubt kurz an keinerley weibliche Tugend sobald sie versucht wird: Denn er sagt uns (kaum mag ich diese verwünschte Grille wiederholen) ausdrücklich: „Die Erfahrung könne ei-
„nen jeden der kein Kind ist überzeugen,
„daß eine freywillige Keuschheit bey kei-
„nem Weib zu finden sey, die nicht ei-
„nen matten, trocknen Körper von schwa-
„chen Fibern und langsamen Säften,

„ und dabey ein mit Furcht vor den Vor=
„ würfen und Strafen der sichtbaren und
„ unsichtbaren Welt angefülltes Gemüth
„ besitze. „ — Nun sehen wir, ob Gott
will, sonnenklar, was Lands, Geblüts
und Sinnes unser Doktor ist. Rechtschaf=
nen Männern, wie meine Zuhörer sind,
brauch ich hoffentlich das Truggeweb die=
ses schlüpfrigen Raisonnements nicht weit=
läuftig aus einander zu legen. Wer sieht
nicht ein, daß der Doktor offenbar die
Schwierigkeiten der ehelichen Keuschheit,
und die der Abstinenz im Coelibate in Eine
Linie setzt, und sich darum auch nicht ent=
blödet, den Dichterspruch: Daß es ein
hübsch Ding um eine junge Frau sey, die
uns nicht zugehört; item, das diversité est
ma devise, und andre solche schöne mo=
ralische Sentenzen mitten in einer ernst=
haften philosophischen Untersuchung anzu=

bringen. Noch erbaulicher ist, wenn C. demjenigen Weib einen schwachen Geist zutraut, die sich aus Scheue vor Gott und Menschen des Ehebruchs enthält; folglich die Schaam, gerade die eigentliche Aegide der weiblichen Tugend, verkleinerlich behandelt, und dadurch abermals deutlich zu Tage legt, daß er mit den ausschweifenden Sitten seiner Landesmänninen vertrauter als mit den Gesetzen der Natur bekannt sey. — Das schlimmste nach des Doktors Meynung ist dieses: „Daß jene „vielleicht leicht zu verzeihende Schwach„heit des schönen Geschlechtes „ (wie er den Ehebruch zu nennen beliebt) „nicht „durch andre Tugenden, welche Freund„schaft und Hochachtung erzeugen, ver„gutet wird. „ Dieses hält er also für möglich; nur bedauert er wiederum, daß sein Vaterland keine solche schätzenswürdi-

ge Ehebrecherinnen aufzuweisen hat. Und, was fehlt ihnen dann? — Talente, die, wie wir nun bald sehen werden, neben der weiblichen Treu wahrlich gar wohl bestehen könnten, und, wenigstens in unsern einfältigen Schweizerlanden, einem Ehemann wenig Freud und Ehre gewähren würden, wenn die Frau solche Eigenschaften des Geistes und des Herzens nicht ihm zulieb, sondern etwa einem Drittman die Stunden zu verkürzen, besitzen sollte. Also, noch einmal: Was ärgert denn den Doktor an seinen Florentinerinnen am meisten? (Ach! wie hat er hier so recht)
„ Ihre gewohnte Erziehung, die sie un-
„ fähig läßt, einen vernünftigen Mann
„ durch ihren Umgang und ihre Hülfslei-
„ stung glücklich zu machen. Denn (sagt
„ er) von der ersten Jugend an, und bis
„ sie erwachsen sind, werden sie in einer

„beständigen Entfernung von demjenigen
„gehalten, was wir Erforschung und
„Kenntniß der Wahrheit nennen; dafür
„wird ihre Seele mit läppischen Vorur-
„theilen angefüllt; und noch ihre bessern
„Stunden sind mit unerheblichen Geschäf-
„ten besetzt, die sie in Gesellschaft von
„Personen verrichten müssen, welche so
„schlecht als sie selber erzogen sind. Da-
„her ihr entschiedener Geschmack und
„Neigung zum Erdichten, zum Uebelreden,
„zum Ausschwatzen der Geheimnisse:
„Daher ihre Unbedächtlichkeit, ihre Lau-
„nen und ihr Eigensinn; daher ihre Ei-
„telkeit, welche, von der Mannsucht
„angespornt, von ihnen meist so weit ge-
„trieben wird, daß sie die vortrefliche Ein-
„falt der Natur verlassen, welche ihrer
„Schönheit so vortheilhaft seyn würde;
„und sich daher, anstatt vernünftigen
„Manns-

„ Mannspersonen zu gefallen, ihrer Ver-
„ achtung aussetzen. — Weiter — Eine je-
„ de Frau, die sich dergestalt natürlicher
„ oder erkünstelter Reize bewußt ist, oder
„ sich auch nur einbildet, daß sie welche
„ besitze, fodert, titulo per se eine scla-
„ vische Unterwerfung von Seite desjeni-
„ gen Mannes, der glücklich genug ist,
„ der Nutzniesser eines solchen Schatzes
„ zu seyn. Erfolgt nun dieses nicht, so
„ werden sie mürrisch, zänkisch, und, da
„ ohnehin ihr Nervenbau zärtlicher und
„ empfindlicher ist als der unsrige, so sind
„ sie, man weißt oft nicht wie, leicht zum
„ Zorn zu reizen. Daher allmählig die
„ Ehestreite, welche sich selten mit gründ-
„ licher Aussöhnung endigen, sondern sich
„ meist nur durch männliche Uebermacht
„ unterdrücken lassen. Und nun ist leicht
„ zu begreiffen (schließt T.) wie unange-

„ nehm dieses alles einem Manne seyn
„ muß, welcher in seinem Vornehmen
„ sich die Ruhe des Gemüths, und eine
„ ungestörte Betrachtung der Wahr-
„ heit, zum Endzweck gesetzt hat. „ —

Was sollen wir nun zu diesem Real-
register weiblicher Unvollkommenheiten sagen, meine Freunde? Leugnen wollen wir
es gewiß nicht, daß unser Doktor das
Ideal einer schlechten Frau, und einer
schlechten Frauenzimmererziehung, meisterhaft, und mit den wahren Farben ihrer
häßlichen Natur geschildert habe. Aber
da steckt abermals der Trugschluß, daß
er von den Individuis auf die Art, von
den Verunstaltungen der Menschen auf
eine wesentliche Unvollkommenheit des andern Geschlechtes schließt; und deutlich zu
verstehen giebt, seine wahre Meynung sey
diese: Die von ihm aufgemutzten natür-

lichen Weibermängel werden nicht nur von der gewohnten Erziehung vollends zur Reife gebracht; sondern es sey auch von einer bessern nichts erhebliches zu erwarten, und heisse da: Naturam expellas furca &c. Daß es einige Ausnahmen giebt, muß er indessen eingestehen — und mahlt darum auch die gute Frau, welche die Wonne selbst des aufgeklärtesten Kopfes von unserm Geschlecht seyn müßte, zum Theil so herrlich aus, daß ich mich bald wieder mit dem bösen Mann ausgesöhnt hätte. Aber beyde diese Gemählde, und gerade die feinsten Züge in denselben zeigen, doch, daß C. gewisse angebohrne Neigungen der Weiber für Gebrechen, und hingegen gewisse Talente für Vollkommenheiten dieses Geschlechtes hält, welche doch beydes nicht sind. So sind z. E. die Begierde zu gefallen, die Liebe zum Putze, der esprie de detail, der Hang zur Schwatzhaftigkeit u. s. f. freylich natürliche Eigenschaften der Weiber: Wer sagt aber dem Doktor, daß solche, in gebührenden Schranken gehalten, Unvollkommenheiten seyn? Wer merkt, was Rousseau haben will, wenn er sagt: „Eine vollkommne Frau „und ein vollkommner Mann müssen ein„ander nicht mehr am Geist als am Ge„müth ähnlich seyn,„ wird mich ohne weiters verstehen. Hinwider, warum übergeht C. in seiner Schilderung der rechtschaffnen Frau die eigentlich weibliche Haustugenden mit völligem Stillschweigen? Man sieht sie nirgends etwas thun; und alles was er dießfalls an ihr zu rühmen weißt, ist: „Daß ihr Rath und „ihre Beystimmung ihrem Mann in „den wichtigsten Sachen unentbehrlich „scheinen werde.„ Wahr ist's, eine sem-

me sçavante will er nicht aus ihr machen;
und ich liebe den Doktor, wenn er sagt:
„ Eben, gereinigte Kenntnisse werden ih-
„ ren natürlichen Verstand erhöhen, und
„ sie zugleich vor dem unleidlichen Schein
„ der gelehrten Frau verwahren. „ Aber
sein Ideal läuft am End lediglich auf eine
geistreiche, liebenswürdige Gesellschafterin
heraus; welche man, das will ich dann
gestehen, allenfalls auch aussert dem Ehestand finden kann; und die ja einem
Schönen Geiste, der ein ansehnliches Vermögen und keine Kinder hat, trefflich behagen würde. Für ein hiesiges Kaufmanns-
oder Bürgershaus aber dürfte sich wohl
die Hausmutter, so wie ich solche ein andermal meinen Freunden geschildert habe,
besser reimen; zumal, wenn Kinder vorhanden sind die aber C., wie wir bald
hören werden, keineswegs unter den Se-

gen, sondern vielmehr eben unter die größten Plagen und Ueberbeine des ehelichen Lebens zählt. Nur noch eins: Beym Beschlusse dieses zweyten Abschnitts seiner Untersuchung fürchtet ohne Zweifel der Doktor, daß er mit seinem Tableau einer vollkommenen Frau den Freunden des Ehestands schon zuviel eingeräumt; und macht ihnen darum vor dem Genuß einer Glückseligkeit bange, die, man denke doch, so flüchtig und vergänglich sey, als der Besitz eines schönen liebenswürdigen Weibs: „Denn (sagt er) wie unendlich und un-
„ vermeidlich sind nicht die unvorhergese-
„ hene Zufälle, die den zarten Körper und
„ den feinen Geist einer solchen Person
„ zerrütten können! Wer nun die Leiden-
„ schaft kennt, die man Mitleiden heißt,
„ der wird begreifen, was der Besitzer
„ eines solchen Schatzes, bey dem Anblick

„ ihres Leidens, oder wenn sie ihm gar
„ in der Blüthe ihrer Tage durch den
„ Tod entrissen werden sollte, empfinden
„ wird. Was „ (ruft er aus) „ bleibt
„ ihm übrig als ein Leben voll Qual und
„ Thränen!„ Ich muß gestehen, wertheste
Freunde! daß dieser letztre Einwurf des
Doktors mir von ihm ganz unerwartet
kam. Die Hinfälligkeit aller menschlichen
Güter, und unsers Lebens insbesonders,
ist ein zu bekanntes Looß unsrer Gattung,
als daß wir, und zumal ein philosophischer Arzt, noch erst darüber declamiren
sollten! — Nur auf dieses Beding, daß
wir sie, wie C. sagt, durch tausenderley
Zufälle wieder verlieren, oder wenigstens
Schaden daran nehmen, oder Verdruß
davon einerndten können, nur auf dieses
Beding, streben wir nach Reichthum, Ehre
und Wissenschaft — freyen wir und lassen

uns freyen. Dem Doktor aber, wenn er in unsrer Mitte wäre, könnten wir kein besseres Simile geben als folgendes, um ihn zu überzeugen, wie seltsam sein Schluß hinkt, daß man keine Frau nehmen müsse, weil man sie verlieren kann. Er kennt und glaubt ohne Zweifel an das studia adolescentiam alunt so gut als einer; indessen wer weißt nicht, daß auch Kunst und Wissenschaft so wenig als andre Güter der Menschen unzergänglich und unverletzlich seyn, und eine einzige Nervenkrankheit z. E. den ganzen schönen Besitz zerstören kann; in solchem Fall würde ein C. dem sentenziosen Manne durch seinen Kammerdiener bald die Thür weisen lassen, der ihm vordemonstriren wollte: „Mein Herr! die Stu-
„ dien vertreiben Ihnen ja die Zeit; sie
„ nährten ihre Jugend; sie belustigen nun
„ ihr Alter; sie hindern Sie an keinen

„Geschäften; sie übernachten mit Ihnen;
„sie gehen mit Ihnen aufs Land u. s. f."
Fragt aber der Doktor: Was einem Manne übrig bleibe, der ein edles Weib verliert? — so wollen wir ihm antworten: Das beständige Bild ihrer Tugenden, das Gedächtniß ihrer Liebe, und, ist er noch glücklicher, lebende Pfänder derselben — Kinder die ihr gleichen. — Glaubet mirs, wertheste Freunde! mitten im Jammer eines solchen Verlustes, ist es ein süßes, feines, unvergleichbares Vergnügen des rechtschaffnen Mannes, der dem Freyherr von Caniz nachempfinden kann:

>Ach! wie kömmts? Da ich mich kränke
>Werd ich gleichsam wie ergötzt —
>Wenn ich nur an die gedenke
>Die mich in dieß Leid gesetzt.

Oder, wie Haller sagt: Es wird ihm bey jedem Ausdrucke seines Schmerzens, bey jedem Gedanken an die verlohrne Freundin, etwas von dem Glücke wieder neu, welches er in ihrer Gesellschaft genossen hat. Der erhabne Trost, die weise Erinnerungen, welche ihre sterbende Stimme in seine gerührte Seele gegossen, und ihr letzter Händedruck besiegelt hat, werden ihm unvergeßlich seyn: Noch lange wird sie in manchem wonnevollen Traum, auf manchem stillen Spatziergang vor ihm stehn, ihm die Hand bieten, und ihm zurufen:

Ich weiß, daß du traurig bist —
Folge mir! vergiß dein Klagen
Weil dich Doris nicht vergißt.

Aber eben der, ehemals von ihm so sehr bewunderte

Nie am Eiteln feste Wille
Der sich nach Gottes Fügung bog:

Das Exempel, welches sie ihm im Leben und im Tod gegeben, beständig

Regung, Sinn und Wunsch zu brechen
Nach des guten Schöpfers Rath —

wird auch ihn lehren nunmehr seine kostbare Zeit keineswegs auf Unkosten seiner Pflicht in eiteler Trauer zu verlieren: Vielmehr wird ihm itzt der Wohlstand seines Hauses, den sie ihm zubereitet, und die völlige Ausbildung der Kinder, die sie ihm verständig und gut erzogen, gedoppelt am Herzen liegen: Nach wenig Jahren wird seine Tochter, mit dem Geist ihrer Mutter ausgerüstet, an das Steuer seiner Oekonomie stehen, und ihr Bruder die sichere Stütze seines herannahenden Alters seyn; es wäre denn, daß er mit dem eiskalten C. an allem was menschlich ist, hiemit auch an der hülfreichen Hand derer zweifeln wollte, die ihm mit jenen inni-

gen Banden des Bluts, und mit den süſ=
ſeſten Pflichten der Natur zugethan ſind. —
„ Eine andre Folge des Eheſtands „ (ſagt
nämlich unſer hölzerne Doktor) „ iſt die
„ Verbindlichkeit, unſre Kinder zu näh-
„ ren und zu erziehen; im Leben unſer
„ Vermögen mit ihnen zu theilen, bey un-
„ ſerm Tod aber ihnen alles zu überlaſ=
„ ſen. „ Mir iſt's, ich ſehe den Mann,
wie er ſein Naturalienkabinet mit ſich in
den Sarg nehmen möchte, oder wenigſtens fürchtet, daß ſein Sohn, anſtatt ſolches fortzuſetzen, ſeine Capitalien lieber in
einen blühenden Seidengewerb ſtecken wird,
um einer beladenen Haushaltung Brod zu
ſchaffen, und ſeine zahlreiche Kinder ebenfalls zu nützlichen Menſchen zu erziehn.
So viel giebt indeſſen C. günſtig zu, daß
der Wunſch eine Nachkommenſchaft, Erben unſers Namens und unſrer Güter zu

hinterlassen, beynahe allgemein sey: Aber er bietet alle seinem Witz auf, dieses so durchgängige und natürliche Verlangen lächerlich zu machen, indem er solches aus einer eiteln Ruhmbegierde und andern Selbsttäuschungen der Menschen erklären will. „So (sagt er) glauben z. E. eini-
„ge, daß ein Alter ohne Kinder vielen
„Gefahren ausgesetzt sey, und getrösten
„sich ihres pflichtmäßigen Beystands, als
„des einig thätigen Danks, den sie ih-
„nen für die genossene Erziehung leisten
„können. Noch andre, indem sie die
„Wirkungen der Neigung der meisten
„Väter für ihre Kinder beobachten, bil-
„den sich ein, daß der Elternstand mit
„besonderm Vergnügen verknüpft seyn
„müsse, und werden dadurch angereizt
„Väter zu werden.„ So (will C. sagen) verführt ein Narr den andern, in die Ehe

zu treten; denn er merkt wohl, daß die Liebe, welche wir sogar zu den Früchten einer ungesetzmäßigen Verbindung tragen, seinem läppischen Paradox, als ob die Menschen unter anderm aus Ehrgeize Kinder zeugten, nicht zu statten käme. Die gedachte Hülfsleistung der Kinder aber, nebst der Süßigkeit des Vaternamens, sucht er, jene zu einem täglich bestätigten Irrthum, und diesen zu einem leeren Schall abzuwürdigen. Laßt sehen, wie der Mann es anstellt, wenn er sich's einmal in den Kopf gesetzt hat, den Menschen ihre handgreiflichste Erfahrungen abzuleugnen, und die wohlthätigsten Gefühle aus ihren Herzen wegzumustern. —
„Die menschlichen Pflichten „ (sagt er, und legt dabey den Grund zu einer recht schönen Krämermoral) „sind nichts an„ders als Vertauschungen, deren einige

„für Lohn, die andre aber durch gegen-
„seitige Gewogenheit und Freundschaft
„erhalten werden. Unter jene gehören
„die körperliche Verrichtungen; unter
„diese der gute Rath, und überhaupt die
„edlere Arten des Beystands, welche Men-
„schen einander in den Geschäften des
„Lebens, in der Führung ihres Haus-
„wesens u. s. f. leisten können. Nun aber
„ist bekannt, daß keine von diesen Hülfs-
„leistungen besser durch Kinder als durch
„Fremde erlangt werden kann; sondern
„vielmehr gerade das Gegentheil.

Erster Grund dafür?

„Weil bekanntlich gerade der Vater-
„stand selber, und die zum Unterhalt und
„Erziehung unsrer Kinder erfoderlichen
„Unkosten, und die Anschaffung gewisser
„Bequemlichkeiten des Lebens merklich
„erschweren.„ Und damit man ja dem

Doktor nicht einwenden könne, daß sich wenigstens das Coelibat des hablichen oder gar reichen Mannes aus diesem Grund nicht rechtfertigen lasse: „So (sagt er)
„könne man doch nicht läugnen, daß
„auch das größte, und für alles hinrei-
„chende Vermögen, ein sehr eingeschränk-
„tes, ungewisses und mit immerwähren-
„der Unruhe begleitetes Eigenthum sey,
„wenn der Besitzer desselben, sich mit
„nothwendigen Erben, d. i. beständig
„mit solchen Personen umringet sieht,
„welche seinen Tod wünschen, oder, wenn
„sie ihres Wunsches lange nicht gewährt
„werden, schon bey seinem Leben auf
„alle Anläße lauern, sein Gut zu
„verschleudern.„ Ungefehr seit einem Jahrhundert geht es den Philosophen an, dergestalt die menschliche Natur zu verleumden, und in ihren Theorien die

Nei-

Neigungen und Sitten der Menschen nach denjenigen Charaktern zu schildern, die sie etwa in ihren Ruhestunden bey den Dichtern mit Vergnügen gelesen, und in ihre Collektanea eingetragen haben: Als wenn alle Weiber, Söhne, Kammermägde und Knechte, ihren Männern, Vätern und Herren die nämlichen losen Streiche spielten, wie solche Personnagen im Moliere, Plaut, Terenz u. s. f. es den ihrigen thun. Was auch dießfalls in Italien überhaupt, und zu Florenz insbesonders noch auf den heutigen Tag für ein Sittenwust herrschen mag, ist mir unbekannt. Das aber weiß ich, und das wissen Sie alle M. F. daß man bey uns z. E. denjenigen Sohn für einen decidirt schlechten Kerl hält, der durch Reden oder Handlungen zu verstehen giebt, daß ihm seine Eltern und Großeltern mit ihrem Leben die Zeit lange machen; und der z. E. ohne ihr Vorwissen, oder gar auf ihren Tod hin, Schulden contrahirt u. dgl. Daher auch, nach unsern Satzungen, den Creditoren solcher Taugenichte um ihre Anfoderungen kein Recht gehalten wird. Freylich ist von den verborgenen Gedanken und feinen Rückfalten des Herzens bis zu den offenbaren Ausschweifungen von denen ich rede, noch ein weiter Schritt; und niemand wird leugnen wollen, daß nicht das harte, mürrische, geizige Alter bisweilen sich selbst die Schuld beymessen kann, wenn die frutige, und oft von dringenden Bedürfnissen gereizte Jugend sich den Wunsch erlaubt: „Wenn doch mein Va„ter, meine Schwiegermutter u. s. f. „mir bald Platz machen möchte; ich bin „eines reichen Kaufmanns Sohn, und „eines noch reichern Rentiers Tochter-

„ mann; und doch muß ich darben, eine
„ elende Figur unter meines gleichen, und
„ noch Schulden oben drein machen: Sei-
„ ner Zeit wird ein großer Theil dessen
„ was ich erbe, vorgeessen Brodt seyn,
„ u. dgl. „ Nicht selten, sag ich, haben
dergleichen Klagen ihren Grund; und lassen sich, wo nicht überall rechtfertigen,
doch entschuldigen. Ueberhaupt aber sind
unter dem vornehmen und geringen Manne die Beyspiele viel gemeiner, da Eltern
und Kinder, weit entfernt sich für geheime Feinde anzusehen, nicht bloß aus Pflicht,
sondern aus wahrer Neigung und Freundschaft einander aufs innigste zugethan sind;
für einander alles thun und alles wagen;
Mängel und Schwachheiten, welche die
Mitglieder jeder andern Gesellschaft ent-
zweyen und auf immer von einander entfernen würden, wechselweise geduldig er-

tragen, und vor des Drittmanns Augen sorgfältig zudecken. Da heißt es im eigensten Sinne, was der Apostel sagt: Die väterliche und die kindliche Liebe glaubt, hoft und verträgt alles; sie, sie allein sucht unzweydeutig nicht das Ihrige; sie blähet sich bey ihrem stetsdauernden Wohlwollen und Wohlthun nie auf; sie fällt bey ihren süssesten Ergiessungen nie in Muthwill; sie ist bey ihren Opfern nie ungebehrdig; sie mißt bey dem verdächtigsten Anschein nichts zum Argen aus; sie zörnt bisweilen, aber sie läßt sich von ihrem Zorne nie zu Mißtritten, oder unheilbaren Brüchen verleiten: Kurz, sie fehlt selten oder nie; und wenn sonst alle wahre Liebe, Zuneigung, Herzlichkeit, und Hülfsleistung unter den Menschen aufhören könnte, so hört doch sie nicht auf. Oder, wertheste Freunde! sind Ihnen etwa (man nehme die Beyspiele seltener Ungeheuer aus) Kinder unter uns bekannt, die sich durch Talente, Fleiß oder Glück, über ihren Stand, in Reichthümer und Ehre geschwungen, und nun ihre dürftigen Eltern darben lassen? Hinwieder: Kennen Sie nicht gerade in unsrer Vaterstadt edle Väter die Menge, welche, gleichsam mit Aufopferung ihrer selbst, in der Beßte ihrer Jahren alles darauf wenden, ihren Kindern erst eine würdige Erziehung zu geben, und darauf ihnen ein anständiges Etablissement zu verschaffen. Nun wollen wir jedermann entscheiden lassen, ob das ein eingeschränktes unvollkommnes Eigenthum unsers Vermögens heissen soll, welches dergestalt angewandt wird, die heiligsten und zugleich angenehmsten unter allen menschlichen Pflichten, im vollkommensten oder doch in einem höhern Grade

zu erfüllen, als solches die positiven Gesetze freylich nicht fodern können; und ob das summum bonum eines ehrlichen Mannes etwa, wie E. wähnt, darinn bestehe, daß er nur an sich zu denken hat? Denn selig und dreymal selig preist unser Doktor einen solchen, „wenn er dabey die
„schöne und seltne Kunst zu geniessen ver-
„steht; mit einem mäßigen Eigenthum al-
„le Wünsche seines Herzens erfüllen kann,
„und nicht wie ein sorgenvoller Vater
„gezwungen ist, entweder dem Geiz zu
„fröhnen, oder sich selbst so viele Vor-
„theile zu entziehen, welche durch die
„Zauberkraft des wohl angewendeten
„Reichthums erhalten werden.„ —
Denn, man verstehe es wohl: E. kennt keine andern Vortheile, die aus menschlichen Handlungen entspringen, als solche, welche auf das Edelste unter allen Ge-

schöpfen — auf das Hochedele Selbst — und auf den edelsten Theil desselben, auf Körper- und Sinneslust, ihren nächsten und unmittelbarsten Bezug haben. Aber die Wahrheit zupft ihn von Zeit zu Zeit bey den Ohren, und er hält ihr eine Weile still. So muß er z. E. wie wir schon oben bemerkt haben, zugeben, daß die Vortheile des Coelibats, welche er eben angepriesen, über die weit mehrern Menschen nichts vermögend seyn, sie vom Ehestand abzuhalten; und daß sogar die geizigste Väter das Vergnügen, Eltern zu heissen, besonders in den ersten Jahren ihrer Kinder, mit keinen Schätzen der Erden vertauschen würden. Aber, meynt er, wenn es einmal um ihre Erziehung, Versorgung und Ausstattung ꝛc. zu thun sey, da fange man an seinen Sinn zu ändern, und dem Sprüchwort beyzupflichten: „Daß

„ ein unfruchtbares Weib ein großer Schatz
„ sey. „ — Man bemerke also wohl, daß
C. hier das Vergnügen des Vaterstands
unter jene flüchtige Güter zählt, die uns
nur in den ersten Jahren ihres Genusses,
und hauptsächlich ehe wir ihrer habhaft
sind, höchst wünschenswerth scheinen; bey
ihrem wirklichen Besitz aber nach und nach
uns gleichgültig, und zuletzt gar zu einer
unerträglichen Last werden. Aber bald
hernach widerspricht er dieser seiner Behauptung, wenn es ihm darum zu thun
ist, der Natur den Instinct abzuleugnen,
welcher die mehrern Menschen antreibt
sich eine Nachkommenschaft zu wünschen:
Alsdann will er die Liebe der Eltern zu
ihren Kindern gänzlich aus der Macht einer festgewurzelten Gewohnheit, aus dem
langen Umgang, welcher durch die Entziehung entsteht, u. s. f. erklären. Also

werden, um es kurz zu fassen, nach C. Meynung unsere Kinder, mit zunehmenden Jahren uns immer lästiger, und immer — lieber. Das heißt recht, mit flüchtigen Lesern den Narren spielen, und, wie es gewisse immer expedite Prediger machen, mit allem alles beweisen. — Daß die elterliche Liebe keineswegs aus einem in dem Wesen der Menschen gegründeten Trieb entspringe, sollen uns theils die häufigen Kindsmörderinnen, und dann die thörigten Vaterfreuden derjenigen beweisen, welche Kinder, die gewiß nicht die ihrigen sind, so herzlich umarmen. Wer sagt aber dem Doktor — Nein! er glaubt es selbst nicht — daß eine Kindsmörderin nicht erst die Stimme der sich sträubenden Natur in ihrem Herzen bis auf den letzten Laut ersticken muß, ehe sie die entsetzliche That begeht? Hievon können die Criminal-Examina solcher unglücklichen Personen, und die Geistliche welche sie besuchen müssen, das unverwerflichste Zeugniß ablegen. Zudem, wer begreift nicht, daß in dem Gemüth einer solchen Elenden eine andere heftige Leidenschaft, die weibliche Schaam, mit der mütterlichen Liebe streitet, und endlich in einem tumultuarischen Augenblick beyde sich gleichsam vereinigen, gewaltthätige Hand an die Frucht zu legen, welche die Schande der Mutter verräth, selbst aber ein Kind der äussersten Armuth und Verachtung wird. Hinwieder (um dem Doktor auch auf sein angeführtes zweytes schönes Exempel zu antworten) wer leugnet ihm, daß die uns von der Natur eingepflanzte elterliche Liebe durch Zeit und Gewohnheit stärker und vollkommner wird? Muß man denn die Phönomene der physischen und moralischen Welt al-

iemal nothwendig aus Einem Gesetze erklären? Also ist es wohl möglich, daß ein
Vater ein Kind aus fremden Lenden ent-
sprungen zärtlich lieben kann: Zumal
wenn er sieht, wie es seinen schönsten Hofnungen entspricht, und die auf seine Erziehung verwendete Kosten und Sorgen
schon frühe mit den rührenden Ergiessungen eines dankbaren kindlichen Herzens er-
wiedert? Also kann man freylich nicht eben
unterscheiden, was Natur und was Gewohnheit thut. — Darum aber, weil diese
letzte viel thut, möcht ich mit dem Doktor noch nicht auf den übereilten Schluß
fallen: „Wenn der Gedanke, Erben sei-
„ nes Namens und seiner Güter zu haben,
„ eine so angenehme Vorstellung, und die
„ Erziehung derselben ein süßes, sich
„ selbst belohnendes Geschäft sey, so kenne
„ er kein leichteres und sicherers Mittel,

„ einen in den Augen gewisser Leute so
„ wichtigen Endzweck des Ehestands, aus-
„ ser demselben, folglich ohne seine ander-
„ weitigen Beschwerden zu erreichen, als
„ die Annehmung an Kindesstatt. „
Zu geschweigen, daß diese Weise, sich
Nachkommen zu machen, aus guten politischen Gründen in Abgang gekommen ist,
und z. E. nach unsern Erbrechten unmöglich bestehen kann, so dünkt es mich ferner für einen Philosophen überhaupt höchst
unanständig, was diese Herren samt und
sonders in ihren Vorschriften zum öftern
thun: Da sie nämlich, klugen und vorsich-
tigen Leuten wie sie sagen, d. h. Ihres-
gleichen, Räthe geben, die, wenn alle
Menschen klug und vorsichtig wären, hiemit auch alle befolgen müßten; aus einer
solchen allgemeinen Befolgung aber nichts
geringers als die Zerstörung des Menschen-

geschlechts erfolgen müßte. Dieses ist genau hier der Fall. Der Ehe- und Vaterstand mag itzt beschwerlich oder unbeschwerlich seyn — das haben wir schon untersucht, und werden es noch weiters thun — ich frage itzt nur: Könnte die Gesellschaft bestehen, wenn sich niemand als Stocknarren demselben unterziehen wollten? Und, haben die Philosophen, und sie allein das Recht, sich solchem zu entziehen? Darauf möcht ich einmal mit beßter Gelegenheit ihre unbeschwerte Antwort haben.

Nach den Kindern zieht T. auf die Schwägerschaft, d. h. auf dasjenige Verhältniß los, welches uns im Ehestande mit den Blutsfreunden unsrer Frau zusammenhängt, und sagt uns, daß es schwer sey zu bestimmen, ob diese neue Verwandtschaft einem Manne mehr Vergnügen oder Unannehmlichkeiten zuziehe?

Ohne Zweifel aber das letzte, wenn wir, wie unser Dr. nur die schlimmste Seite von der Sache ansehen wollen. — „Da „ müssen wir „ (sagt er) „ an ihren Wi- „ derwärtigkeiten und Unglücksfällen ei- „ nen beschwerlichen Antheil nehmen: Ih- „ re Armuth, oder dann hinwieder, wann „ wir selber in einem ehrlichen Mittel- „ stande leben, ihr Stolz, betrübt uns „ in dem zweyten, und plagt uns in dem „ ersten Falle. Die hinderlistigen Einge- „ bungen unsrer Schwiegermütter, deren „ Umgang wir der Frau nicht verwehren „ können, die geheime Beschwerden die- „ ser letztern über die elendeste Kleinigkei- „ ten die da in den mütterlichen Schooß „ geschüttet werden, stöhren unsern Haus- „ frieden, und geben den ersten Anlaß zur „ Erkaltung und endlich gar zu öffentli- „ chen Brüchen zwischen den Ehegenossen;

„ die beybseitige Eltern, ganze Familien
„ gerathen an einander. Und wenn es
„ gut geht so ist der Mann genöthigt,
„ bald alle Tage einen Mittler oder Rich-
„ ter bey solchen Zänkereyen in und auf-
„ ser seinem Hause abzugeben. Und man
„ bilde sich ja nicht ein, daß sich derley
„ Stürme durch Klugheit abwenden las-
„ sen; denn die Anfoderung von beyden
„ Seiten, auf Schuldigkeit, Dankbarkeit,
„ Gefälligkeit, Nachgeben, sind ohne End
„ und unerbittlich. — Daß endlich die
„ Erweisung von Achtung und wechselsei-
„ tigen Freundschaftsdiensten unter ver-
„ schwägerten Personen wirklich seltener
„ als unter landsfremden Leuten gefunden
„ wird, kömmt daher, weil ein jeder
„ Theil von dem andern viel prätendirt;
„ und hingegen sich selbst nicht verbunden
„ glaubt mehr zu leisten als er gern will,

„einerseits; und anderseits, weil die
„Freundschaft ausser der Verwandtschaft
„ein Werk unsrer Wahl ist; das Band
„der Schwägerschaft hingegen auf ein-
„mal, und ohne unsern freyen Entschluß
„entsteht.„ — Hier laßt uns für einen
Augenblick stille stehn.—Wir wollen ein ander mal untersuchen, ob denn wirklich un-
beliebige Schwägerschaften uns so wider
unsern freyen Willen aufgesalzen werden,
oder ob nicht vielmehr ein vernünftiger
Mann bey der Wahl einer Gattin mit
darauf siehet und sehen muß, in was für
Freundschaft und Verwandtschaft, kurz unter was für eine Race von Leuten er heura-
the? Thut er das nicht, so läuft er freylich
mehr oder weniger den Risico, den aber
unser Doktor so wie alles, was seinem Paradox in Kram dient, zum allerhöchsten
aufmutzt. Gegenwärtig aber wollen wir

für

für einmal lediglich die liebe Erfahrung — nicht diejenige zwar, die vielleicht, (doch ich zweifle noch daran) ein Florentiner haben mag, sondern die unsrige zu Rathe ziehen. Und da möcht ich doch einmal wissen, wertheste Freunde! wie manche, unter hundert hiesigen Ehen, die nämlich, versteht sich, sonst vergnügt und glücklich wäre, durch Schwäger und Maag verbittert werde? — Wir müssen (sagt C.) an ihren Widerwärtigkeiten Antheil nehmen. In der That, ein grosses Unglück, zumal für einen Philosophen, wenn er an dem Schicksal seiner Nebenmenschen überhaupt, und derjenigen, welche mit ihm in näheren Beziehungen stehen, insbesonders, Antheil nehmen muß! — und zwar freyen ungezwungnen Antheil, nur so viel als sein Herz und seine Vernunft, und die Umstände einen thun heissen. Denn was für bürgerliche Gesetze gebieten dir doch, oder insinuiren dir nur, dich für Freunde und Verwandte in eigne Noth zu stürzen? Sind ja nicht einmal Eltern und Kinder de jure verpflichtet einander ihre Schulden zu bezahlen. Und wer kennt nicht die unversehrlichen, beynahe übertriebnen Vorrechte — bald möcht ich sagen die Heiligkeit — der Weibergüter nach unsrer Stadtrechten! Wenn also ein Mann z. E. lüderliche Schwiegereltern, verdorbene Schwäger u. s. f. ihrem eignen Schicksal wenigstens in so ferne überläßt, daß er ihnen nicht, auf Unkosten seiner nähern und allernächsten Pflichten, den Schimmer einer eiteln und doch verwirkten Civilehre retten hilft; wenn er nicht aus der Culbute eines Hauses zwey machen will — so thut er ja nichts anders als was die Vernunft befiehlt und billigt.

Wenn er aber würdige Verwandte in ihrer unverschuldeten Armuth nach seinem beßten Vermögen, nicht über sein Vermögen, unterstützt, so ruft ihm abermals die erleuchtete Menschenliebe zu: Ich bin mit dir zufrieden, o Mensch! du hast deiner Pflicht das rechte Genügen gethan — weil du nicht mehr und nicht weniger thatest als du thun solltest! — Und in beyden Fällen wird die gute Frau, und die rechtschaffene Mutter ihrer Kinder, nicht mit dem Vater derselben hadern, wenn er die Gränzen der wahren Klugheit, und die Foderungen der ächten Pflicht nicht überschreiten will. Ihre kindische oder Schwesterliebe wird zwar vielleicht in gewissen kritischen Augenblicken und rührenden Situationen sich überraschen lassen, oder ihre Hand zu weit aufthun wollen; aber allemal wird sie ihr Urtheil bald wieder der höhern Einsicht ihres Mannes unterwerfen, dessen Herz sie aus tausend Proben kennt, und weißt daß es nicht enge ist, für alles was menschlich, edel und gut heißt. — Die rechtschaffene und vernünftige Frau! (wird E. sagen) das ist schön und gut. Aber da liegt eben der Haft, daß es dießfalls keine billige und denkende Weiber giebt, welche sich von der männlichen Vernunft meistern lassen wollen, und ihre Familienneigung, ihr Mitleiden, und die anerbohrne Leichtgläubigkeit und Willfährigkeit ihres Geschlechts in den Schranken der Gebühr zu halten wissen. Und wir wollen ihm antworten. Ja! Wenn der Mann bey den dringenbesten Aufsoderungen heiliger Pflichten der Menschlichkeit überhaupt, oder der kindlichen und Bruderliebe insbesonders, wie ein Stein, seiner Cassa zur Linken am Pult sitzt, rechnet, und durch einen einzigen Federzug herausbringt, daß es in allen und jedem Fällen, es mögen nun nothleidende Mitbürger, oder Eltern, oder Geschwisterte, oder das Vaterland selber, in aufgelöstem Haar, knieefällig vor ihm liegen, und um Jesu willen seinen Beystand ansiehen, wenn er, sag ich, allemal herausbringt, daß es in Gottes Namen seliger sey zu empfangen als zu geben: Da wird sich freylich der zarte Bau der bessern Gattin vor seinem eiskalten Blick erschüttern, und ihr frommes Herz sich auflehnen und zeugen wider diese Rechenkunst der Teufel. Denn, im Vorbeygehn zu sagen, das wissen wir nun wohl, daß gewissen Leuten die Ausübung aller und jeder sogenannter Suppererogativ-Pflichten nicht mehr in den Kopf will; und sie darum die kluge Parthey ergriffen haben, den Geist der Gemeinnützigkeit, wo sie ihn immer finden, anzupacken, verdächtig oder lächerlich zu machen, und allen Eifer und alle Thätigkeit, welche nicht ein gröberes oder feineres Selbstinteresse zum Ziel hat, Schwärmerey zu schelten. Daher hin und wieder jene Conföderationen derjenigen, welche in geist- und weltlichen Dingen viel schönes wissen, gegen diejenigen welche viel gutes thun: Daher das plözliche Verstummen, die starren oder abgewandten Blicke, die vor innerer Bitterkeit bis an die Ohren gezogne Mundwinkel, das kaltblütige Pfeiffenstopfen, das confuse Kartenmischen, die großen Schritte, in gewissen Sonntags- Montags- Dienstags- Mittwochen- Donnerstags- Freytags- und Samstags-Gesellschaften, wenn von Patriotismus, von gemeinnützigen Unternehmungen, von Werken der Barmherzigkeit, von Subscriptionen oder Lotterien zum Gemeinen oder besondern Beßten die Rede ist; daher heut zu Tag in Deutschen und Welschen Landen eine ganze sich eigens auszeichnende Race von Menschen, welche wahrscheinlich einen hohen und theuern Eyd geschworen haben, daß mit ihrer Stimme nichts wahrhaft Gutes und Großes mehr auskommen soll. — Wir kehren von dieser Außschweifung zurück; war solche nicht an ihrem Ort, so war es doch ein Wort zu seiner Zeit geredt! — Was uns nach der Meynung des Doktor Cocchi, welcher indessen drey Weiber hatte, weiter vom Heurathen abhalten soll, sind die hinderlistigen Eingebungen der Schwiegermütter, und überhaupt der beständige Conflikt von Pflichten gegen zwey gleichsam bey den Haaren zusammen gebundene Familien; da dann der gute Mann

in der verlegensten Stellung in der Mitte
steht, und sich entweder zu beyden Seiten
herumschaukeln, ausfilzen und coujoniren
lassen, oder aber mit der einten Parthey
auf immer brechen muß. — Hier, wertheste Freunde! fragt es sich nur: Ob der
Ausspruch unsers Heilands, der gewiß
die menschliche Natur so gut kannte als
die heutigen Psychologen, daß nämlich ein
Mann Vater und Mutter verlassen und
seinem Weib anhangen werde, so zu verstehen sey — daß hingegen umgekehrt ein
Weib ihren Mann gerne verlassen werde, um nur ihren Eltern nachzuhängen?
Wer wird das behaupten wollen? Die
Frau thut solches so selten als der Mann;
und es ist ihr so wenig zuzumuthen als
ihm. Man verstehe mich wohl; ich sage
sie thut es selten: Denn es ist freylich eine
bekannte Sache, daß hier und da ein ver-

heurathetes verzärteltes Mutterkind, wenn etwa der Mann nicht allen Schmuck herschaffen kann den ihr Herz begehrt, oder wenn er nicht allen jungen Herren gute Miene macht, die in sein Haus spuken — ich sage, es geschieht zuweilen, daß ein solches Weibsen plötzlich das Garn aufnimmt, und an einem Winterabend davon läuft. Der Herr Gemahl hat sich aber nicht zu fürchten: Sie ersäuft sich nicht im gefrornen See; auch braucht er ihr nicht nach Ost und West Boten und Brief nachzuschicken, sondern er findet sie sicherlich in der lieben Eltern Hause, wenn er Narrs genug ist sie zu suchen. So giebt es hinwieder Exempel (denn wir müssen die Stange gleich halten wo sie gleich ist) von Ehebarbaren, welche aber auch ein jedes Kind als decidirte Schurken kennt, die, wenn sie einmal ein junges Blut und die verfallnen Mittel in ihren Klauen haben, zwischen der armen Frau und der Beschlieſſerin keinen andern Unterschied machen, als daß die erſtre die Viſitestube, und die andre das Schlafzimmer auskehren muß. Klagt sich die unglückliche Person bey Eltern oder Verwandten, so wird sie eingeſperrt — oder, wächst die Sach an ein Löbl. Ehegericht, so verschwören sich des saubern Herrn Vater, Mutter und Dienste zusammen, alles haarklein abzuleugnen. Denn das findet sich sicherlich allemal: Daß ein Mann, der seine Frau in seiner eignen Eltern Hauſe mißhandeln darf, einen Vater hat, der mit ihm in das gleiche Horn von Niederträchtigkeit bläſt; den also der Herr Sohn gewiß nicht verlaſſen wird, um seiner Vermählten anzuhangen. Aber noch einmal: Solche Weibertyrannen, und hinwieder jene Klopfjuppen, die um des geringsten Hausstreits willen ihren Männern entlaufen, sind Ausnahmen, welche vernünftige Leute nimmermehr vom Ehestand abschrecken werden, so wenig als die in alles, was in dem verschwägerten Hause vorgeht, pickende Schwiegermütter, deren es freylich in Menge giebt; denen man aber auch nur ein paar Mal den Rücken kehren, oder sie mit einem etwas männlichen Ton bitten darf, vor ihrer eignen Thür zu wischen. Ueberhaupt also bleibt es eine theure Wahrheit: Daß Eheleute lieber Vater und Mutter, als sie einander verlassen; und es gilt auch von dieser wie von jeder andern evangelischen Lehre: Daß eher Himmel und Erde vergehen, als aber die Weiber aufhören werden den Männern anzuhangen, so lang es die letztre nicht auch gar zu bunt machen. — Weil ich doch einmal ans Exegesiren (wer hätte das von einem Professor der Politik befürchten sollen) gerathen bin, so will ich nur gedachte schöne Schriftstelle noch vollends auslegen. Es giebt viele dergleichen im Testament, welche die Philosophen mit allen Ehren adoptiren könnten, und auch gewiß den Plagiat begehen würden, wenn solche nur nicht in der Bibel stühnden. Aber zur Sache. Wenn unser Herr und Heyland etwas noch so natürliches, schönes und gutes sagt, so giebt er nichtsdestominder gewöhnlich auch den Grund darfür; denn er hatte Tröler zu Zuhörern. So macht er es auch bey unsern Texteswortent: „Habt ihr (fängt er an) „nicht gelesen, daß Gott im Anfang „Mann und Weib erschaffen,„ oder mit andern Worten, beyde Geschlechter für einander geschaffen hat? „Darum

„ wird ein Mann „ (ich setze hinzu oder ein Weib) „ Vater und Mutter verlassen, „ und seinem Gatten anhangen; und sie „ werden beyde ein Fleisch seyn u. s. f. „ Was heißt aber das: „ Ein Mensch wird „ Vater und Mutter verlassen u. s. f. „ — Will Christus etwa sagen: Daß durch das neue Band der Ehe jenes ältere Band, welches die beyden Ehegenossen vor ihrer Verbindung mit ihren Eltern aufs süsseste und innigste verknüpfte, nun mit einmal, gänzlich und auf immer aufgelöst werden soll? — Das sey ferne! Sondern die Frage ist nur von dem seltenen Conflikte der ehelichen und kindlichen Pflichten; und da ist es gewiß, daß, wo diese beydseitigen Pflichten gegen einander streiten, die erstern weichen müssen. — Darum ist z. E. eine jede gesetzmäßig verheurathete Manns- oder Weibsperson, nach bürgerlichen Rechten eo ipso majorenn; und ein Vater, der seine Tochter zur Ehe giebt, tritt dem Manne ihrer Wahl, welche er gebilligt, oder die er wenigstens nach den Gesetzen nicht hindern konnte, seinen Gewalt und natürliche Vormundschaft über sie gänzlich ab: Sie hört darum freylich nicht auf Tochter zu seyn; die Pflichten der Ehrerbietung und Dankbarkeit gegen ihre größten irrdischen Wohlthäter bleiben; aber sie werden (wie solches auch in andern ähnlichen Fällen zu geschehen pflegt) nunmehr ihrer nächsten und höchsten Pflicht gegen den Mann mit dem sie Ein Leib und Ein Geiß ist, gegen seine Kinder, gegen sein Haus, untergeordnet. Nach dieser richtigen Vorstellungsart wird man es begreiffen, wie eine Frau in gewissen Fällen, um ihrem Mann anzuhangen, Vater und Mutter mit schwerem Herzen aufopfern, oder, wie Christus sagt, verlassen wird, und, welches die Hauptsache ist, solches zu thun schuldig ist — wenn es anderst den Menschen nicht vergönnt seyn soll, die Stufenleiter ihrer societätischen Verhältnisse, und der davon abhängenden Verbindlichkeiten, nach ihrem Eigendünkel oder nach gewissen trügerschen sogenannten Sentiments auf den Kopf zu stellen. — Ich bin im übrigen recht froh, wertheste Freunde! daß ich schon oben einige Beyspiele von solchen Collisionen, und wie sich ein vernünftiger und rechtschaffner Mann daraus ziehen soll, angeführt habe. Denn hier heißt es im eigentlichen Sinne: Exempla sunt odiosa wenn man Kindern sagen muß, daß es in gewissen Fällen ihre Pflicht sey, hart gegen ihre Eltern zu seyn. Hingegen wiederhol ich es um so viel lieber, daß diese Conflikte gewiß weit seltner seyn, als E. es uns einbilden will; und gröblich irret er sich besonders, wenn er glaubt, daß mit Vorsicht und Klugheit von Seiten des Mannes in solchen Fällen nichts auszurichten, nichts zu hindern, und nichts wieder gut zu machen sey. Freylich besitzt nicht ein jeder die Kunst, oder vielmehr die edelmüthige Unpartheylichkeit, welche zu einem so schweren Schiedrichteramt erforderlich ist. Ich kenne selber dergleichen Männer, die nicht wissen wo aus wo an, wenn sie z. E. mit ihren Eltern in unzertheilter Haushaltung leben; und die Eltern und Verwandte der Frau stehen alle Augenblick da, um entweder in die neu verschwägerte Familie neugierig zu gucken, und ihr, wenn sie die reichern und vornehmern sind, der Frau Tochter zu lieb, einen galanten Ton anzugeben — oder, sind sie dürftig, und Don Ranudos, nubos, etwa um ein kleines Darlehn ohne Versicherung auf ihr Ehrenwort, oder um Bürgschaften u. dgl. mit Ungestühm anzuhalten. Da ja, wird wie gesagt der arme Mann, von den Schmeicheleyen seiner Schwiegereltern bey dem einen, und von den Vorstellungen und Abmahnungen seiner eignen bey dem andern Ermel gezupft. Auf welche Seite soll er treten? Die kalte nüchterne Vernunft könnte allemal den Fall mit Sicherheit entscheiden: Aber an ihrer Stell tritt ein Drohwort des Papa, oder hinwieder bald ein Thränenguß, bald eine Ohnmacht der Frau Liebste ins Mittel, und decidirt wie dergleichen violente Argumenta zu decidiren pflegen. Oft liegt das Recht und die Billigkeit in der Mitte; aber da würde man beyde Ehrenpartheyen für den Kopf stoßen; ein andermal liegt es offenbar auf

einer Seite, aber man will compromitti-
ren — und die Händel sind — wer hätte
auch daran zweifeln sollen — in wenig Wochen von neuem wieder da. Die recht
schwachen Männer stellen es noch verkehr-
ter an: Ohne viel Untersuchens geben sie,
der Proceß mag heissen und betreffen was
er will, der Kehr nach, heut der Frau,
morgens dem Vater, und übermorgens der
Schwieger Recht; und heissen das auf gut
Zürchersch die belobte bürgerliche Theil-
same — die aber meist bedauerlich auf ihren eignen Kopf hinauskömmt. — Nun
meine Freunde! Sie sehen, daß ich unpartheyisch bin, und gerne zugeben will,
daß man in allen Ständen und Situationen seine Sachen verkehrt anstellen kann,
und es auch wirklich thut. Aber so wenig Krankheit der natürliche Zustand des
physischen, so wenig sind Narrheit und

Inbecillität natürliche Zustände des moralischen Menschen. Die größte Inbecillität aber ist diese, wenn man einen sonst unstreitig vortheilhaften Stand und Beruf in der Welt darum nicht ergreifen will, weil man freylich hie und da Beyspiele von Leuten vor Augen hat, die sich in gewisse damit verbundene Umstände und occurirende Vorfälle nicht zu schieben wissen. So auch hier: Der Ehestand hat, so wie der Regenten- Lehr- und Wehrstand, kurz wie alle Stände in der Welt, seine eigene Politik, die man kennen muß, und ohne großes Kopfbrechen lernen kann, wenn man nur, wie schon gesagt, beständig die gesunde Vernunft in seinen Urtheilen und Handlungen zum Leitstern wählt; sich nicht von Launen und Leidenschaften beherrschen läßt; nie müßig im Kopf kratzt, oder die Hand in den Schooß legt, und seine Sachen aus bloßer Verlegenheit Gott vertraut; aber auch eben so wenig da etwas erzwingen will, wo meist durch Einrichten und Künsteln schlimmers herauskömmt, als wenn man Glück und Zufall hätte walten lassen; kurz auf die jedesmalige Lage der Dinge Achtung giebt, seine Maaßregeln einzig nach derselben einrichtet, und solche weder aus Büchern holt noch von dem Nachbar entlehnt. Denn deine Frau, mein Freund! hat wahrscheinlich einen Charakter, deine Schwieger hat Laster, und dein Vater Schwachheiten, die du sonst vergebens in der ganzen Stadt, geschweige in den Romanen suchen würdest; wenigstens was die feiner Nuances betrift, auf die bekanntlich so unendlich viel ankömmt, und die du eben aufs Haar kennen mußt, wenn du nicht beständige Schrötel in deinem Hausregiment schiessen, und deine Rolle als Sohn, als Eydam, als Mann u. s. f. zwar nicht allemal brillant an und vor sich, aber desto schicklicher nach deiner allereigensten Lage spielen willst. Alsdann wird es dir gelingen, die seltsamsten Charaktercontraste in deiner eignen und in der verschwägerten Familie entweder in eine gewisse Harmonie zu bringen, oder, wo solches unmöglich ist, sie in gemeßner Entfernung von einander zu halten, ohne daß es darum Scenen mit der Frau, oder offenbare Brüche zwischen beyden Häusern giebt. Durch dein eigen Beyspiel wirst du nach und nach diese Leute alle lehren, wie man die Erweisung von Achtung, von Gefälligkeit und Hülfsleistung zwar pflichtmäßig auf alle die, welche solche zufolg ihrer Verhältnisse mit uns befugt fodern können, aber doch beständig nach einer gehörigen Rangordnung erstre cken soll. Alsdann werden die Anmaaßungen einer herrschsüchtigen Schwieger, die Betteleien einer verschwenderischen Geschwey, die Pretensionen eines Schwagers der in hohen und höchsten Ehren steht, bald aufhören. Alsdann wird deine Frau selber, gleich dir, eine liebliche und geehrte unpartheyische Mittlerin zwischen den Deinigen und den Ihrigen werden: Doch wird sie ohne deinen Rath und Beystimmung den erstern nichts wichtiges versagen, und den letztern nichts nahmhaftes zuzuwenden suchen; denn sie kennt deine geübte heitere Urtheilskraft, und dein Herz welches alle Herzen erobern kann. So wird auch dein Vater die Runzeln seines Alters entfalten, bey dem täglichen Schauspiel der erwünschten aber ihm ganz unerwarteten Früchte deines offenen freyen Charakters und deiner edeln uneigennützigen Gesinnungen. Am Rande des Grabes wird er sich noch gleichsam mit dem Menschengeschlecht wieder aussöhnen, welches er durch sein allgemeines Mißtrauen geschändet hatte, und ein eifriger Wohlthäter der Menschen, seiner Brüder, werden wie du bist!—Verzeihen Sie mir, wertheste Freunde! wenn ich hier, und könftig noch manchmal, kaum ein End finden kann, wo es um nichts geringers zu thun ist, als die Ehre der menschlichen Natur gegen Leute zu retten, die sich ihre Priester nennen, in der That aber ihre bitterste Verleumder sind.

Ich kehre zu dem Faden des Cocchischen Raisonnements zurück. „Unter die „Beweggründe zum Heurathen„ (fährt der Doktor fort) „rechnen viele Menschen „auch die Erwerbung eines großen Ver„mögens.„ C. wie ich es mir dann

auch gerade eingebildet habe, mißbilligt diese Absicht keineswegs, und läßt sich sogar verlauten: „Daß man einen Mann,
„ der sich durch Heurath nahmhaft berei-
„ chert, nicht tadeln sollte, wenn er die
„ größten Thorheiten seiner wunderlichen
„ Gemahlin, in der Stille und so gut er
„ immer kann, verträgt, nach dem Bey-
„ spiel des guten Marcus Aurelius löbli-
„ chen Angedenkens. Aber das (sagt er)
„ kömmt mir in die Frage: Ob ein mäßi-
„ ges Vermögen, welches man gewohn-
„ lich zu erheurathen pflegt, den Entschluß
„ in die Ehe zu treten vernünftig machen,
„ und wie stark dieses Vermögen seyn müsse
„ um solchen zu rechtfertigen?„ Und nun höre man folgenden seltsamen Calcul, der wesentlich auf dieses aut aut hinausläuft. Entweder ist ein Mensch schon durch sein eigenes Vermögen über alle

Sorgen der Nahrung erhoben oder nicht. Im ersten Fall kann das Weibergut für ihn kein Motiv zum heurathen seyn: Im andern wird es ihm wenig helfen; denn die neuen Ausgaben, die ihm mit dem Ehestand zuwachsen, gehen mit den neuen Einkünften aufs mindeste del pari. Nichts von der Seite zu verlieren, ist also noch der reizendste Gewinnst, den er bey diesem Lotto hoffen darf: Also (diesen Schluß hat der Doktor schon oben selber gezogen; und wenn er es auch nicht gethan hätte, so folget solches schnurgerade aus seinen Vordersätzen) — also ist keine Heurath um Geldes willen vernünftig als diejenige, durch welche, die erfoderlichen Ausgaben abgerechnet, ein nahmhafter Ueberschuß von Einnahme erzielet wird. Dieser Schluß ist ganz richtig, sobald wir nämlich die Vermehrung unsers Vermögens, aus einem Nebenzwecke, oder vielmehr aus einem Mittel den Aufwand des Ehestandes zu bestreiten, zu einem unmittelbaren Hauptzwecke desselben machen wollen. Aber das denkt sich auch der größte Knicker so wenig als der luxuriöseste Weichling deutlich heraus: Sondern beyde, wann sie ans Ehegreiffen denken, so fürchtet der erste daß seine Kinder darben, und der andre daß er seinen Lüsten und Einfällen Gewalt anthun müsse: Darum dichten und trachten sie den einzigen Töchtern aus den großen Häusern so eifrig nach, und schrieb einer von der letztern Classe vor wenig Jahren seiner Frau Mutter aus der Fremde: Sie sollte ihm eine reiche Frau aufsuchen und behalten, und wenn solche auch alle bösen Geister im Leib und ein Affengesicht oben drauf hätte. Aber so gar auch dieser saubre Herr hatte, eben nicht zur Abſicht, durch Weibergut ſein Vermögen zu äufnen; denn er war vor ſich hordreich, und dabey ein bekannter Luſtigmacher der das Geld wie Spreuer achtete: Alſo hätt' er (denn am Verſtand mangelte es ihm gewiß nicht) nach Cocchis Meynung das Heurathen lieber ſollen überall bleiben laſſen, wenn er ſich nicht dabey einen andern und höhern Zweck, als den Reichthum an und vor ſich ſelbſt, vorgeſetzt. Was ihn eigentlich zum Eheſtand bewog: Ob Ambition, oder das Zureden ſeiner Verwandten, u. dgl. das iſt mir unbekannt; wahrſcheinlich war es das letzte, und gewiß mußte er ſich groſſen Gewalt anthun. Nachdem aber einmal der Entſchluß gefaßt war, ſo folgte die ganz natürliche Betrachtung auf dem Fuß nach: Heurathen — ja heurathen — hiemit eine Haushaltung, Kinder, ihre standsmäßige Erziehung, kostet so und so viel; 2000. fl. z. E. Diese von den 300. Louis meiner jährlichen Einkünfte, die ich bisher in Gesellschaft guter Freunde rein aufgebraucht, abgezogen, restirt netto 1000. fl. reiner Verlust für die harmlose Büßungen meiner angewöhnten Lüste, die ich mir nicht rauben lassen will. Daß dieser Verlust ersetzt werden muß, wenn ich nicht wie ein Unsinniger heurathen soll, ist titulus per se; folglich muß ich mich nach einer Frau mit wenigstens 50000. fl. verfallner Mittel umsehen; dann ist die Narrheit erst wieder gut gemacht: Noch dörften 10000. fl. Benefice nichts schaden. Denn eine halbe Tonne Gold, und hübsch und gescheuht bey einander, besonders wenn man es auf den Moment haben will, ist ein Wunder, worauf ein vernünftiger Mann niemals zählen darf. Kriegt aber ein Gesell von meiner Gattung eine häßliche, böse oder dumme Frau, so ändert er nicht nur seine vorige Lebensart im geringsten nicht; sondern er macht es vielmehr noch bunter, und gewisse Extraartikel kommen ihn noch höher zu stehen. Vorher konnte er doch noch seine Morgen bis zehn Uhr, oder zuletzt auch einen ungestümmen Regenabend, bey Haus, ungestört mit der Lektur zubringen; itzt aber entflieht er sobald der Tag an Himmel stößt, noch ehe sein Zankeisen erwacht und die Jungens zu krähen anfangen — läuft entweder mit Jäger und Hunden über Berg und Thal, oder fährt nach Baden; und wird er mit zunehmenden Jahren solchen Hubeyalebens müde, so stellt er nach Ehren und Aemtern, bey welchen er sein Hauskreuz vergessen kann. Alsdann besetzen seine Geschäfte wenigstens die Morgen;

mit den Nachmittagen hat es seinen gewiesnen Weg; man ist selten daheim, oder geht doch nach dem Caffee und einem kleinen Ruck, wenn das Zeichen halb drey Uhr läutet, in die offene Uerthe, und um vier Uhr in die regulaire Gesellschaft. — Wenn es nun, wertheste Freunde! — um wieder zu der Hauptsache einzulenken — sogar von solchen Taugenichten wahr ist, daß sie zwar bey dem Heurathen auf Geld sehen, aber solches nicht als Zweck, sondern als Mittel betrachten, einen Stand zu bestreiten, den sie aus anderweitiger Convenienz, aus physischem Bedürfniß, oder gar nur weil es sich eben so gefügt, ergriffen haben; so wird der regulirte und rechtschaffene Mann, wenn er zur Ehe schreitet, seinen Calcul in Betreff des Vermögens, welches zu diesem Stand erfodert wird, noch viel leichter und simpler machen. Ist er reich vor sich, so trift er seine Wahl, ohne Rücksicht auf Geld, nach Herzenslust: Ist er mittlern Vermögens oder gar arm, so weißt er zwar wohl und spürt es an sich selbst am beßten, daß die liebe Natur nicht nur zu den Reichen, sondern zu allen ihren Kindern geredet habe: Es ist nicht gut, daß der Mensch allein sey! Darum aber weißt er eben so wohl, daß es auch wahr ist, wenn es schon nicht in der Bibel steht — denn die heiligen Männer, die dieses göttliche Buch geschrieben haben, sagten lauter Wahrheit — aber nicht alle Wahrheit — ich sage, er weißt eben so gut, folgendes sey auch wahr, weil es vernünftig ist: Daß es nämlich noch besser sey, wenn der Mensch, der sich kaum selber durchschleppen kann, allein bleibt, als wenn er eine Gehülfin findt, die ihm nur Kinder auf die Welt setzen, aber solche weder ernähren noch erziehen hilft: Denn die gesunde Politik sieht nie allein auf die Menge der Mitglieder einer Gesellschaft; und diese will nicht nur Menschen, sondern auch glückliche unabhängige Menschen, keine gebohrne Pfründer und Hungerschlücker zu Bürgern haben. Aber noch einmal: Diese und derley Betrachtungen machen den gesund und wohldenkenden Mann in den mittlern und geringern Ständen bey der Wahl einer Gattin zwar behutsam, aber darum nicht übertrieben schwürig; sein redlich einfältiger Calcul läuft lediglich da hinaus, daß er in einer ruhigen Stunde (es braucht wahrlich nicht zwey darzu) seine Lage und Stellung in der Welt mit den Vortheilen des Ehestands so zusammenhält, daß er richtig urtheilen kann, ob die erstre ihm vergönne nach den letztern zu trachten; also,

wohl

wohl verstanden: Er bringt die seinem richtigen Verstand und unverdorbnen Herzen beßt bekannten absoluten Vorzüge des ehelichen Lebens vor dem unverehelichten ganz anderst als unser obgedachte Lustigmacher in Anschlag; d. h. er hält die Gesellschaft einer liebenswürdigen Ehefreundin, die Ehre und die Süßigkeit des Vaternamens an und vor sich selber für ein großes Glück; und überlegt nur, ob er nach seinen Umständen desselben theilhaft werden könne? Auf diese gründliche Basin baut er seine Untersuchung fort: Alsdann heißt es bey ihm nicht immer nur, was kostet ein Hauswesen? sondern auch zugleich, was erspart mir die Hilfshand eines Weibs? Er fragt nicht: Was muß ich, um der ganz neuen weit aussehenden Artikel von Weib und Kindern willen, an meinen bisherigen Ausgaben abbrechen,

Y

einziehen? sonder vielmehr: Geht es, wenn ich mich entschliessen kann, dieß vernünftige Opfer zu thun? Oder lauf ich etwa Gefahr, mich selber und ein halb Dutzend Unschuldige, in wirklichen, nicht eingebildeten Mangel zu stürzen? Kurz, was erträgt mein Handwerk, meine Begangenschaft, mein Hauptgut im Durchschnitt etlicher Jahre? Läßt sich daraus einer Haushaltung Brodt schaffen — genug Brodt — Brodt in Ehren? Was heißt aber Brodt in Ehren, nach meinem Stand? Wird es mir bey vernünftigen Leuten Lob oder Tadel bringen, wenn meine Freunde, meine Nachbarn, meine Mitbürger, seit meiner Verheurathung eine nahmhafte Veränderung in meinem Thun und Lassen gewahr werden? Wenn ich z. E. ohne Abbruch der Reinlichkeit und Nettigkeit in meinem Anzug mich weniger putze — —

seitdem ich noch lieber meine Frau geputzt, und saubere Kinder auf ihrer Schooß sehen möchte: Oder macht es mir Verdruß und Schande, wenn man mich bey verschiednen Lustpartheyen vermißt, die ich ehemals um aller Welt Gut nicht versäumt hätte, weil ich überzeuget war, und es noch bin — daß unschuldige Freude nicht der letzte Zweck des Lebens ist; itzt aber, seitdem ich ein Hausvater bin, weiß — und wer vernünftig ist es merken — und wer ein rechtschafner Mann ist es mir nachempfinden kann, daß es nunmehr meine Pflicht sey, die nöthige Erholung von der Arbeit, so viel wie möglich in meinem eignen Hause zu suchen, wo ich solche sichrer und minder kostbar als irgendwo finden kann — wo ich andern nütze, indem ich mich selber ergötze — wo ich endlich ein Licht von solchen Tugenden leuchten lassen kann, die so weit herum, wo nicht schimmern, doch erwärmen, als es immer das Licht thun mag, welches der Regent auf den Rathhäusern, der Prediger auf den Kanzeln, und der Weltweise auf der Catheder aufsteckt.

Sagen Sie mir nun, wertheste Freunde! würde nicht ein Doktor Cocchi vor dem Mutterwitz des so eben redend eingeführten ehrlichen Mannes beschämt dastehn; bald aber, das versteht sich, ein neues Paquet aus der Ficke ziehn, welches zur Ueberschrift führt: Daß der Ehestand uns an unsern Geschäften und Absichten in der Welt hindre. Der Doktor macht abermals einen seltsam übereilten Schluß: „ Eine jede Lebensart (sagt er) wenn sie „ glücklich betrieben werden soll, erfodert „ unsre ganze Sorge und Freyheit. Nun „ aber müssen wir in dem Hausstand ein-

„ mal uhsre Sorgen auf mehrere Gegen-
„ stände vertheilen. — Und wohin es un-
„ ter dem Ehejoch mit der Freyheit ge-
„ diehet, weißt jedermann. „ Könnte
man ihm aber nicht aus seinem eignen
Vorversatze einen ganz andern Schluß entgegen setzen? Ja eine jede Lebensart u. s. f.
fodert unsre ganze Sorge u. s. f. Nun
aber nimmt die Hausmutter dem Hausvater den größten Theil derjenigen Sorgen ab, die sonst in Verwaltung seines
Oekonomiewesens auf ihn fallen würden:
Folglich bleibt ihm um so viel mehr Zeit
und Freyheit übrig, seinen eigentlichen
Berufsgeschäften ungestört obzuliegen. —
Wenn dieser Schluß nicht in allen Fällen
richtig ist, so ist er es doch in mehrern
als des Doktor Cocchis seiner. Noch mehr:
Weit entfernt, daß der Hausstand uns in
glücklicher Betreibung unsrer Geschäfte und

Absichten hinderlich seyn sollte, lehrt uns die tägliche Erfahrung gerade das Gegentheil: — Zu geschweigen, daß z. E. die Begierde sich ein ansehnliches Vermögen zu erwerben, so lang ein Mensch nur für sich allein sammelt, ein gewisses gehäßiges Ansehen haben, und ihn, freylich oft ohne seine Schuld, in den Ruf derjenigen lächerlichen Filzeren bringen kann, die sich um lachender Erben willen zu Tode frettet — so gewahren wir alle Tage, daß der Vater einer zahlreichen Familie bald in allem was er thut und vornimmt, oder worinn er mit andern concurriren will, den Vorsprung hat. Seine unermüdete Emsigkeit hat weniger Aufsatz — man gönnt ihm nicht nur sein Glück, man trägt es ihm gleichsam zu — und im Unglück — was nicht eine Stube voll Kinder bekanntlich für ein dringendes Fürwort ist, dem kein Menschenherz, wenn es sonst noch so viel einzuwenden wüßte, widerstehen kann! Und ich berufe mich abermals am liebsten auf unsere Vaterstadt, ob nicht, die weit mehrern Male, die sogenannten großen Haushaltungen gerade die blühendsten Häuser sind; und ihr Wohlstand und Segen sich auf Generationen fortpflanzt, wenn gleich die ansehnliche Verlassenschaft des Hausvaters für einmal wieder in kleine Portionen zerstückelt wird. Die Töchtern machen bessere Partheyen als sie nie hätten vermuthen dörfen; man zählt nicht auf ihr Geld, aber auf ihre gute Erziehung; auf das Ansehn und den Einfluß ihres Vaters in allen Angelegenheiten und Verlegenheiten die einem zustoßen können: Die Söhne wissen ebenfalls, daß sie nicht reich genug zu Müßiggängern sind; hingegen darf ein jeder nur mit seinem mäßigen

Erbsantheil auf den retablirten Credit des Hauses fortbauen, ein industrioser ehrlicher Mann seyn, und eine vortheilhafte Heurath treffen, welches ihm nicht fehlen wird — so sind sie alle in ihrem Fünfzigsten — bald wieder so puissant als der Vater selig.

Ob, wie C. meynt, ein Coelibataire besser als ein Verheuratheter Fortun an Höfen und bey großen Herren mache, das ist itzt eine andre Frage — die ich mit meiner tiefen Unwissenheit vom Hofleben nicht erörtern kann: Doch ist des Doktors Hauptgrund, daß man nämlich die wichtigsten Geheimnisse eines Hofmanns durch seine Frau erfahren kann, offenbar mehr die abgenutzte Pointe eines Weiberfeinds, als gründlich: Denn hat der Höfling keine Frau, so hat er einen Secretair und eine Maitresse; Personen die

bekanntlich, nicht durch ihre Unerbittlich:
keit und Treu, schon ganze Reiche unter
über sich gekehrt.— Eben so seicht und recht
empörend kam mir E. Behauptung vor:
„ Daß der üble Ruf von Bestechung und
„ Ungerechtigkeit, worein so viele ober,
„ keitliche Personen gerathen, meist ihren
„ Weibern zuzurechnen sey: „ Da ich
hingegen, von meinem Daseyn kaum tie,
fer als davon überzeugt seyn kann: Daß
eine Frau, die das Gemeine Wesen um ei
nen Thaler bestehlen darf, einen Herrn
haben muß, der schon bey Tausenden ge,
maust hat; und daß in Absicht auf die
Corruption freylich unter den beyden christ=
lichen Ehegatten diese Abrede getroffen
wird, daß die Frau, mit der ihrem Ge,
schlecht-eigenen Verbindlichkeit, annimmt,
was der Mann voll gerechter Entrüstung
abgewiesen hat; wie solches, doch alles mit=

mehrerm, der Parlamentsherr und die Parlamentsfrau von Goetsmann, in ihrem berüchtigten Rechtshandel mit dem kecken Dichter Beaumarchais, neuerlich und zur Genüge allen denen dargethan, die noch an einer so heitern Wahrheit zweifeln mögen. So viel will ich indessen gerne zugeben, daß, wo sich einmal das Mieth- und Gabennehmen, das Aemteraussaugen, u. dgl. in einer Familie eingenistet hat, die Weiber in allen losen und groben Streichen erstlich, und zweytens in der Feinheit solche zu verbergen, ihre Männer weit weit übertreffen. Daß aber ein Philosoph wie C. daraus ein Argument gegen das Heurathen ziehen will, dünkt mich, zeigt klätlich an, daß er nicht mehr viel tüchtige Pfeil im Köcher hat. — Einer der bessern ist noch dieser, wenn er den Militairs das Weibernehmen verlaiden will. Das Ehegelübd, man mag darunter verstehen was man immer will, und das vivre & mourir pour son maitre reimen sich auch gar nicht mit einander. Läßt man die Frau daheim, so geht alles mit gedoppeltem Geschirr zu, und kann ein solcher Strohwittwenstand weder ihrer Tugend noch seiner Ehre wohl behagen: Wenn der Semester lang ausbleibt, so läuft sie etwa gar mit einem andern davon. Nimmt man aber die Frau Capitainin zum Regiment, so werden sie aus verschiednen Gründen entweder wieder nach Haus schabernackt, oder die Zeche kostet mehr als der Beutel erleiden mag; wie denn alles dieß mit alten und neuen, fremden und einheimischen Exempeln zu erläutern wäre. — Nach den Officiers kömmt C. auf die Handwerker und geringen Künstler: Diese Claß von Menschen sieht er für die auserlesnen Werkzeuge der Bevölkerung an; und ihnen allein empfiehlt er den Ehestand: Weil sie (das Ding wird alles nach dem Eins Mal Eins calkulirt) weil sie, sagt er, zu ihrer Arbeit weniger der Kräfte des Verstandes als der Hände nöthig haben; folglich von dem Beystand der Frau und Kinder großen Vortheil ziehen können. Wie, wenn man einmal nach dem Cocchischen System ein Zunftregiment so eintheilen würde; z. E. Edelleut, Kaufleut, Rentiers, sollen haben — keine Weiber und ein Banner, u. s. f. — Wirklich will unser Doktor die Mahler, Musikanten, Aerzte und Juristen schon wieder nicht heurathen lassen; denn nach seinem Sinne stehen Genie und Hymen in einem ewigen Streit. — Den größten Dampf aber thut er wohl den Geistlichen seiner Kirche an, und turlupinirt sie recht agreabel bis aufs Blut. — „Für keine „Art von Menschen (sagt der Vogel) „wäre, einem profanen Ausshn nach, der „Ehestand geschickter als für die Diener „der Religion. Von allen irrdischen Sor- „gen frey, und ohne die geringste An= „strengung der höhern Seelenkräfte, „geniessen sie in einem seligen Müßiggang „den größten Ueberfluß und Ehre. Al- „lein, nach ihren eignen Gesetzen, und „aus hohen Ursachen, die wir nicht ein- „sehen, ist ihnen ein Stand verboten, „den sie, wie es scheint, als unheilig den „Layen überlassen „ — die sie zum Him- mel führen sollen; hätte er hinzusetzen kön- nen. — Schon lange haben die Spötter gesagt, daß das gezwungene Coelibat des Clerus der Reformation den eigentlichen Trieb gegeben. — Und was ist's denn, wenn es wahr wäre? Um einen einzigen solchen, oder noch mindern Preiß lohnt' es sich schon der Mühe, den Lerm noch einmal anzufangen. Denn, der entsetzlichen sittlichen und politischen Unordnungen zu geschweigen, welche das ehelose Leben der römischen Geistlichkeit züchtet, und (wie ein jedes Gesetz wider die Natur) züchten muß, hat C. wohl das göttliche Recht, wenn er den Verbi divini ministris besonders gern Weiber gönnen möchte. Freylich (wenn von protestantischen Geistlichen die Red ist) um ganz andrer als derjenigen Gründe willen die er anführt. Denn dem sogenannten reformirten Clerus wird doch niemand vorwerfen wollen, daß er, von allen irrdischen Sorgen frey, mit Reichthum und Ehre überhäuft sey; und ich will bey diesem Anlaß nur geradezu sagen: Daß bey mir noch immer ein mächtiger Zweifel waltet, ob nicht gewisse philosophische Staatskünstler, wenn sie dem Landsherrn immer auf der Haube liegen: Daß er doch, nach dem Exempel andrer eclairirter Fürsten, die armen Geistlichen noch mehr zu beschroten, und ihr Ansehn bey dem Volk alle Jahr um eine Elle zu verkürzen gnädigst geruhen möchte: Ich sage, ich zweifle noch mächtig, ob nicht unter solchem Patriotismus ein sogenanntes Biß stecke, und die Herren halt gerne aus den geistlichen Einkünften die weltlichen Aemter und Bedienungen für sich und ihre Söhne verbessern möchten? Denn Hungerschlucker giebt es in beyden Ständen: Und so viel ich weiß, sind besonders auch die Encyclopedisten, Oekonomisten und Projektmacher durch die ganze Welt von diesem Orden nicht ausgenommen. — Was das aber für eine Ausschweifung ist! — Ich wollte nur sagen: Daß überhaupt den reformirten Geistlichen wohl niemand mit Grund ein Uebermaaß von Aisance verwerfen kann; und daß sie in dieser Absicht das Heurathen gar wohl bleiben lassen könnten. — Ein andrer satyrischer Zug des Doktors hingegen trift freylich den protestantischen Clerus so gut, als den römisch katholischen: Daß nämlich noch so viele aus ihnen, ohne die geringste Anstrengung irgend einer höhern Seelenkraft, im Müßiggang leben; und sich z. E. mehr mit dem großen und kleinen Zehnden als mit ihren heiligsten Pflichten, lieber mit der Spanferkelmastung als mit Seelenwaiden abgeben. Aber hier steckt der große Unterschied, daß sich der lose C. auf der einen Seite so stellt, als ob er die herrschenden Sitten seiner Geistlichen billige, und für ein wirkliches Vorrecht ihres Stands halte; auf der andern aber

ihnen

ihnen Weiber geben möchte, weil er ihnen den T — — l auf den Hals wünscht; sie zum Kinderzeugen brauchen will, weil er sie zu keinem andern Geschäft tauglich achtet; und kurz, bey diesem gegebnen schönen Anlaß, der Kirche, der Religion und ihren Dienern, allen auf einmal eine Ohrfeige stecken kann. — Ein guter, vernünftiger Protestant und wahrer Verehrer der Religion hingegen, wird die Sache von einer ganz andern Seite ansehen. Seine Kirche verbietet die Priesterehe nicht, und ist zu vernünftig, um ihre Geistlichen für mehr oder minder als für Menschen zu halten. Aber, eben ihres wichtigen Berufs wegen, der gewiß, wenn man ihn nach seinem ganzen Umfang kennt, und würdig treiben will, die Anstrengung der alleroberssten Seelenkräfte erfodert, heißt er sie heurathen. Damit aber will er gar nicht gewisse leichtsinnige Studenten- und Erspectantenehen solcher geistlicher Seel-schnäbel in Schutz nehmen, die sich an die erste beßte Gans hängen, und dann ihren Zunftherrn überlassen, beyden einen Stall zu suchen: Obgleich ich vergangene Woche auch lachen mußte, da ich einen jungen Minister seinem Patron unter Augesicht sagen hörte: Wir geistliche Prätendenten habens doch schlimm mit Euch, ihr Herren! — Kömmt einer, den ihr verheurathet glaubt, zu Euch, so heißt's: Ja, so gehts, wenn man zu voreilig mit dem Heurathen ist! — — Verzeihen Sie, ich bin noch — Ey ja, so könnt Ihr warten! — Est modus in rebus, wertheste Freunde und Zuhörer geistlichen Stands!— Heurathen und nicht leben können, ist ein großer Unverstand. Aber leben und nicht heurathen können, ich weiß es wohl, ist eine beschwerliche Lage — und vollends eine Seelsorge und keine Frau haben, weder rathsam noch fein. Glücklich ist der Mann der beyde auf Einen Tag erwarten mag und finden kann. Aber, ich merk es wohl, mit dieser Seligpreisung ist euch nicht gedient. — Nun, euer Lehrer, weißt euch einen Rath, einen einzigen: Wollt ihr den befolgen, mit Glück! wo nicht, so rathet euch eben selber. — Mein Rath ist der: Es klagen sich heut zu Tag bald alle Profeßionisten in unserer Stadt: Unser Handwerk ist übersetzt — und doch, wenn ein Mahler, ein Goldarbeiter, ein Tischler, ein Schneider und Schuster sogar, der etwas besonders kann, nach Hause kömmt, so weißt er seine Kunden kaum zu spediren; fodert so viel Gesind, als seiner Innung Gebrauch und Satzung es immer zuläßt; wird in wenig Jahren ein in allen

Abſichten achtbarer Bürger, und hat einen Credit und Verdienſt, das bald mancher Adelicher und Rentier ſich nicht ſchämen ſollte, ihm ſeine Tochter zu geben. Gerade eine ſolche Bewandtniß wird es auch mit Euch haben, ihr Herren! wenn einmal der geiſtliche Handwerksbaungeiſt aus, und dafür eine bisdahin unbekannte Induſtrie euers Stands in euch fährt: D. h. wenn ihr euch einmal entſchlieſſen könnt, neben den eigenthümlichen Studien euers Berufs, die euch freylich kein vernünftiger Menſch verlaiden wird, euch nebenzu auch auf anders brauchbares profanes Wiſſen — in Gottes Namen zu legen. Beynahe die ganze Erziehung unſrer Jugend beyderley Geſchlechts iſt nun einmal euch anvertraut: Man wird euch dieß Monopolium auch laſſen, ſo lang es noch zu erleiden iſt. Aber ſtellt euch einmal vor, daß die

Aufklärung unter den Layen immer mehr Fuß faßt, wie denn solches unsre treflichen neuen Schulanstalten zu bezwecken scheinen; und ihr hingegen beständig an der engen Sphäre des alten Schlendrians allgenugsam kleben bleibt, so wird euch in wenig Jahren kein Kind mehr glauben, daß Geistliche und Gelehrte Synonima seyn: Und kurz alles was Privatinformation heißt, vielleicht auch am End die öffentliche, wird aus euern Händen genommen und in weltliche gelegt werden. Ist es doch schon so weit mit euch gediehen, daß ein Vater nicht weißt, an welcher Expektantenthür er anklopfen soll, wenn er seine Söhne in der Philosophie, Naturkunde, Mathesis, in alter und neuer Geschichte, in vaterländischen Rechten, in der schönen Litteratur, in einem mehr als gramatischen Studio Classico u. s. f.

unterrichtet haben möchte.—Von der modernen Sprachenmeisterey, bey welcher doch so mancher fremde Vagabund in unserm Zürich sein Brodt findt, darf ich nur nicht reden: Als wenn es übrigens schimpflicher wäre mit iungen Leyten die Entretiens de Phocion als die Officia Ciceronis zu exponiren — und es etwa der Orthodoxie schaden könnte, wenn man den Pope oder Tasso verstühnde: Daher denn ferner das schöne Pro labore, welches etwa in den Buchhandlungen zu gewinnen ist, seit einiger Zeit ausser Lands und nach Saxen geht. Denn freylich so bürgerlich denken die hiesigen Buchhändler nicht, daß sie z. E. den Ariost einem Uebersetzer anvertrauen sollten, der weder deutsch noch welsch versteht; und ist es gut, daß das Uebersetzer-Handwerk bisher keine Brief und Siegel hat. So fällt mir ferners eben itzt das Pensionenhalten ein, welches heut zu Tag durch ganz Europa hunderterley Gestalten annimmt, und so viel tausend Haushaltungen ein Etablissement macht. — Es ist bey einem flüchtigen Anschein zum Erstaunen, daß, die Herren Ungarer ausgenommen, nur kein frembes Bein hieher kömmt, seine Studien bey uns zu machen, da doch ganz Deutschland, und, wenn es sonst niemand thun will, wir selber ein solches Geschrey von unsrer dießmaligen Erleuchtung machen. Aber beym nähern Betrachten geht die Sache ganz natürlich zu. Die verschiednen wirklich großen Männer, die uns Ehre machen, geben sich entweder, Amts- oder Pflichten halber einzig mit der einheimischen, oder überall nicht mit der Jugend ab; zu ritterlichen Studien, oder überhaupt zu einem angenehmen und nützlichen Aufenthalt für vornehme Fremde sind wir auch gar nicht eingerichtet; und, wie gesagt, um die Pastoral-Theologie zu lernen, schickt kein polnischer Magnat seine Söhne in die Schweiz. — Ihr merkt also hoffentlich wohl, wertheste Freunde! was mein Rath und meine Meynung ist: Daß ihr nämlich überhaupt die bisherige Quelle euers Verdiensts zu äufnen, und einige neue gewiß sehr ergiebige zu öfnen trachtet, die euch das Wartspiel auf einen Kirchen- oder Schuldienst merklich erleichtern, und dem ein und andern früh ein so reichliches Auskommen verschaffen würden, daß er daraus Weib und Kinder nähren könnte, und nicht erst in seinem sechs und dreyßigsten unter den sechs und vierzigjährigen Beschliesserinnen eine Frau aussuchen müßte. Alsdann wäre eine Pfründe nicht gleichsam neuer Schmerzen Anfang, sonder euers männlichen Alters angenehme Erholung von der Arbeit einer industriösen Jugend. Alsdann würde man aus dem bereits erübrigten, den ältesten Sohn in der Stadt studiren, oder ein Handwerk lernen lassen; der Herr Pfarrer und die Frau Pfarrerin mit den jungen Kindern lebten aus dem Pfrundeinkommen sparsam, aber doch gemächlich und honnet; und könnten noch wohl gar arme kranke Coetualen, nebst geistlichem Trost, mit einer kräftigen Fleischsuppe erquicken. — Das Pfarrhaus würde keinem Schweinstall gleich sehen, und die Frau Pastorin einen bey Nacht und Nebel angelangten Freund ihres Mannes durch ihre unsäuberliche Hospitalität nicht am andern Morgen wieder wegpurgiren. — Eine Land-Pfarrerin, man glaube es nur, ist ein respectables, oder dann ein verwünschtes Personage, je nachdem sie wohl oder übel ausfällt: Höchst interessant für ihren Mann, da sie Jahr aus Jahr ein seine einzige Gesellschaft ausmacht; und wichtig in Absicht auf seine Gemeinde, da die Augen der Pfarrkinder bekanntlich mit einer böswilligen Unablässigkeit auf ihr beyder Thun und Lassen gerichtet sind. Der für sich selber würdigste Seelsorger aber, wie sollte er mit Erfolg und Segen an seiner Heerde arbeiten können, wenn er im ganzen Haus vor dem Keiffen seiner Frau, und vor dem Gewühl müßig herum schlenternder Kinder keinen Winkel und keinen Augenblick zum stillen Nachdenken finden kann; wenn bey einer Hausbesuchung, mitten in einer Predigt oder Cathechisation, das Wort der erfoderlichen Bestrafung, Raths oder Trosts ihm nicht ab der Zunge will, weil er beständig fürchten muß, daß man ihm eine traurige Wahrheit unters Gesicht sage, oder in der Kirch mit Fingern auf die Kanzel und Pfarrstühle deute: Auf den Prediger der sich selbst weder rathen noch helfen kann; auf die beweinte Pfarrerin, auf die saloppische Tochter, auf die diebische Magd, auf den Sohn und Vicari, der bald kein Weibsbild im Dorf unangezapft läßt. — Mit welcher Freude nah ich mich hergegen dem Pfarrhof eines Landgeistlichen, dessen Frau so rechtschaffen als er selbst, kein Ideal, sondern nur eben das ist, was sie seyn soll: Die vor allem aus durch ihr eignes Leben, und durch die Erziehung ihrer Kinder beweist, was für einen Einfluß die Lehre ihres Mannes auf wohlbestellte Herzen hat und verdient; fromm und eingezogen, aber dabey immer aufgeräumt; wirthschaftlich und genau, aber darum nicht minder dienstfertig und wohlthätig mit Verstand ist; äusserst aufmerksam, ihren Gemahl niemals an seinen Studien zu stöhren oder stöhren zu lassen, so lang ihre Einsichten denen sie nie zuviel traut hinreichen sich irgend aus einer Verlegenheit zu helfen; geschickt dem Alter und der Jugend, Mann oder Weib, Fremden oder Heimschen, einen guten Rath zu geben, und in des Herrn Pfarrers Abwesenheit, sogar in wichtigen Fällen, eine Auskonft über die der Landvogt erstaunen muß. — Nie wird sie mürrisch seyn, wenn sie auch von unerwarteten Gästen überfallen wird, und immer so vergnügt, wenn der Bott ihrem Mann ein schönes Buch, als wenn er ihr den neuen Muff aus der Stadt bringt. — Doch, wir müssen von der lieben Frau Pastorin wieder heim, um unsern leydigen Doktor noch vollends zu spediren. — Die Gelehrten, welche sich, es sey nun

aus Beruf oder Neigung, den höhern und eigentlichen Wissenschaften wiedmen, sollen sich, meynt er, das versteht sich, vor allen andern des Heuraths gänzlich enthalten. Ohne Zweifel den Herrn Amtsbrüdern zu lieb oder leyd, ist dieser Abschnitt der Cocchischen Abhandlung ganz besonders weitläufig ausgeführt, und nebst Laune und Witz mit vielen psychologischen und physiologischen Bemerkungen aufgestuzt. Es wäre unverantwortlicher Zeitverlust die Narrenspossen alle zu wiederholen, die er anführt. Ex ungue leonem. „Kann (sagt er unter anderm) kann der
„Ehemann einer jungen lebhaften Gat=
„tin wohl mit Vernunft auf ihre Treu
„und Ergebenheit zählen, wenn er, bey
„ihren Liebkosungen und Lockungen un=
„empfindlich, oft starr wie eine Bildsäule,
„sein Aug stundenlang auf ein Insekt

„ oder eine alte Münze heftet, oder bis
„ der Tag an Himmel stößt auf seiner
„ Warte nach den Sternen guckt?„ Nein!
darauf kann er nicht zählen, wollen wir
ihm antworten, wertheste Freunde! und
ein sothaner Narr verdient es auch nicht.
Ob aber ein verheurather Gelehrter, wie
C. meynt, ohne augenscheinliche Gefahr
für seine Ehre, es nicht wagen dörfte, aca»
demische Freunde oder weit entlegene Bib«
liotheken zu besuchen; auf fernen Ber»
gen den nachgelaßnen Wundern des Welt»
meers, oder verloschenen Volkanen nach«
zuspühren — und kurz, mit Aufwand vie»
ler Zeit und Kostens, wichtigen Gegenstän»
den seiner Studien an Ort und Stelle
nachzugehen, um solche mit Gewißheit zu
beobachten — ich sage, den Rifiko zu be»
rechnen, den bey solchen gelehrten Ebens
theuern der Herr Professor läuft, müßt

ich ihn und die Frau Professorin näher kennen. — Allemal wollt ich ihm zwey Schrötel in einer Preisschrift gern nachsehen für Einen Jungen den er auf die Welt setzt, und zu einem brauchbaren Menschen erzieht. Aber nun kömmt die Hauptsache: „Gesetzt endlich auch „ (ruft unser Doktor aus) „ daß die unerschütterliche Freund-
„ schaft einer rechtschaffnen Gattin und
„ ein ansehnliches Vermögen dem Mann
„ alle Ruhe und alle Gemächlichkeit ver-
„ gönnen, seiner Neigung zu den Wissen-
„ schaften nachzuhängen, so muß man
„ doch nicht glauben, daß die Stärke des
„ Geistes unverändert bleibe, wenn ein
„ Mann den ehelichen Foderungen auch
„ nur einigermaaßen ein gehöriges Genü-
„ gen leisten will: „ Man denke doch!—
Wie, wenn einmal ein Staat, um in Zukunft lauter gescheute Bürger zu züchten,

das Kinderzeugen auf hundert und ein Jahr verbieten würde? Man merkt wohl was ich sagen will: Daß die Werke der Liebe überhaupt die Denkenskräfte schwächen, ist einer von denen manchen Erfahrungssätzen, die ihre erkannte schöne Richtigkeit haben, aus welchen sich aber doch kaum Eine erhebliche oder vernünftige Folge ziehen läßt; dießmal wenigstens ist solches gewiß der Fall. Was muß mir das nicht in seinen eignen Augen für ein sonders- und wunderswichtiger Denker seyn, der sich um des Geistes willen aller Fleischeslust enthalten will! Doch, wir wissen es wohl, so strenge meynen es die Herren mit sich selber nicht. Wenn sie von philosophischer Abstinenz reden, so wollen sie darunter nur Hurey und Ehebruch mit Maaß und Ziel verstanden wissen. Diese, müssen sie glauben, reinigen und stärken das Haupt

Haupt der Weisen; die stete Ehe hingegen mache einfältig und dumm: "Doch
" dieses letztere (meynt C.) würde noch
" kein großes Unglück seyn; denn ein
" Mensch könne auch bey mittelmäßigem
" Verstand und Einsicht glücklich leben."

Doch Spaß beyseite gesetzt; — Unter den vielen seltsamen Marotten, welche noch neuere Schriftsteller als Cocchi sich und andern philosophischen Freunden des Cœlibats zu einer Ausflucht erklügelt haben, gehört eben diese allerseltsamste oben an: Daß sie behaupten, der Ehestand spanne die Menschen in ein Joch ein, die sich mit der Unabhängigkeit, welche große und edle Geister zeugt und nährt, unmöglich vertragen lasse. Diese Grille wollen sie sogar durch die Geschichte erhärten, und lügen uns darum den Calful an, daß unter zehn von jenen Archigenien, welche wie als Gesetzgeber oder Wohlthäter des menschlichen Geschlechts verehren, und die in dem Reich der Wissenschaften entweder Epoche gemacht, oder aufgeräumt, kaum einer sich den unvermeidlichen Sorgen, Beschwerden und Verdruß des Hausstands unterzogen habe. Fragen wir aber der Sache genauer nach, so kömmt diese ganze schöne Beobachtung auf einzele Beyspiele aus allen Nationen, denen man allemal wieder ein anders entgegen zu setzen hat, und dann auf etliche Franzosen heraus, die durch ihren Entschluß höchstwahrscheinlich lediglich dem Bonton ihrer Nation gefröhnt, und selber am allerersten lachen würden, wenn man ihr Coelibat auf Rechnung einer tiefsinnigen Weisheit oder reifen Ueberlegung schreiben wollte. Auch sieht man es wirklich gewissen Hauptstücken ihrer Moral auf hundert Schritte weit an, daß sie unverheurathet sind. Ob aber eben diese Kapitel gerade am tiefsten durchgedacht, die Gedanken darinn ohne Lücken gereihet, und ohne Schwulst ausgedrückt seyn, ist eine andre Frage. — Sonst hat man vor Alters die größten Männer gerne unter anderm auch im Schooß ihrer Haushaltung aufgesucht, und bisweilen da mit ihren Kindern kreiselnd oder herumreitend gefunden. Heut zu Tag reiten sie lieber allein, und auf ihren eignen Steckenpferden. Auch würde man kaum noch einen Hofpoeten antreffen, der, wenn ihn der Minister auf ein Weißhuhn zur Tafel lüde, sich damit entschuldigte: Daß er für diesen Mittag schon seinen Kindern versprochen, mit ihnen einen großen Karpfen aufzuzehren. Solches sagt uns der eigene Sohn dieses Dichters, und fährt also fort: „Ueberhaupt war

„ er bey allen unsern Kinderspielen eine
„ Hauptperson. Ich erinnere mich noch
„ wohl, wenn wir Proceßion machten,
„ wie ich den Caplan, und meine Schwe-
„ stern die Chorknaben vorstellten, der
„ Vater aber mit dem Kreuz vorangieng,
„ und mit uns Kyrie Eleison! sang. „
Dafür machen aber auch die Verse des
großen Racine jedes menschliche Herz in
wohlwollenden Gefühlen zerschmelzen: Da
hingegen gewisse andre Dichter, welche
ihre Einbildungskraft an dem Busen einer
Schauspielerin erhitzt, und ihren Mutterwitz in der sogenannten guten Gesellschaft
abgeschliffen haben, das Gehirn ihrer Leser nur mit lasciven Gemählden und Zwey-
deutigkeiten zu versengen wissen, oder sie
mit gehäuften Antithesen, und dem flüchtigen Schimmer unächter Blumen zu er-
gözen suchen. — So verschmäht ferner die

Geschichte nicht, uns zu erzählen, wie Melanchthon, abermals ein bekannter guter und großer Mann, der Vater der deutschen Gelehrsamkeit, oft angetroffen wurde, daß er in der einen Hand das Buch hielt, worinn er studirt, und mit der andern seine Tochter wiegte. — „Mit ih„rer Erlaubniß„ (sagte einst der ältere Doktor Hausen zu seinem Auditorio, als er mitten in einer tiefsinnigen mathematischen Aufgabe eines seiner Kinder im Nebenzimmer wainen hörte) „mein Klei„ner schreyt.„ Damit gieng er, und holt ihn, und docirte, den Knaben auf der Schooß, wieder ungestört und freudig fort. (\*) Deutsche Professoren thun sonst wenig gratis: Aber wahrlich, das hieß den Jünglingen die ihm zuhörten, beyläufig ein ganzes Collegium über menschliche

(\*) S. Gellerts Moral.

Pflichten lesen. Hören wir weiter einen Haller, Bodmer und Sulzer an der Urne ihrer Weiber und Kinder klagen; (freylich allemal wie es Weisen geziemt) sehen wir überhaupt, gerade in unsrer Vaterstadt z. E. die verdientesten Männer aus allen Ständen (denn von gewissen großen und kleinen Tagdieben red' ich nicht) wie sie, an den Abenden eines im Dienst des Staats oder der Wissenschaften zugebrachten Tags, bald mit ihren Gattinen über den Wohlstand ihres Hauses Rath halten; ein andermal sich an den Progressen ihrer Söhne, oder an dem Lallen ihrer Enkel ergötzen; noch ein andermal sich bey einem Familieneßen erlaben; und kurz, an der Quelle des reinsten Vergnügens neue Kräfte zu freudiger Erfüllung ihrer Pflichten sammeln. Erinnr' ich mich endlich noch, wie in den Tagen meiner brausenden Jugend ein wahrhaft großser Mann unter uns, der selber im Coelibate lebte, meine Zweifel über die Vorzüge des ehelosen Lebens durch die lebhafteste Schilderung seiner eigenen Nachreu mächtig zu Boden schlug: — Nehmen wir nun solche Beyspiele, Erfahrungen und vielgültige Stimmen zusammen, welche alle der Wahrheit Zeugniß geben: Es ist nicht gut, daß der Mensch allein sey; sonder selig ist der Mann, er sey reich oder arm, welcher ein tugendsam Weib hat, und Kinder die um seinen Tisch stehn: Wahrlich, so muß doch auch dem einfältigsten Verstande das Abentheurliche jener Behauptung auffallend seyn: Daß der Ehestand den Flug, den Adel, und die Freyheit einer fürs Große geschaffenen Seele hemme. Man sieht es aber schon den hohen unbestimmten Worten solcher

Paradoxen an, was dahinter steckt. Indessen thun sie doch, das weiß ich, ihre Wirkung; darum werd' ich mir auch alle Mühe geben, diesen und derley Dunst aus gewissen Köpfen zu jagen, und der Wahrheit und dem Mutterwitz ihre unverjährten Rechte über meine Mitbürger, so viel an mir liegt, wieder einzuräumen. Ich fahre also fort, appellire an euern gesunden Menschenverstand, meine Freunde! und frage euch: Was hat doch immer der Ehestand an und in sich, das große Geister erniedrigen sollte? Ist auch jemand unverschämt genug zu behaupten, daß wir den Esprit des loix dem Coelibate seines Verfassers zu verdanken, oder daß unser Geßner unverheurathet beßre Idyllen geschrieben hätte? War nicht vielmehr die Frau dieses letztern nicht selten die Muse welche ihn begeisterte, und zugleich die

feinste Kunstrichterin seiner ersten Aufsätze? — Hat nicht die Gemahlin eines andern Zürcherschen Gelehrten, nach seinem eignen Geständniß, ihm oft auf die Achsel geklopft, und ihn zur Nüchternheit des Geistes vermahnt? Und mich, allergeringsten Homunculus im Staate der Wissenschaften, wie oft hat mir nicht die meinige die Hypochondrie von der Stirne gefächelt oder geküßt! Wie oft hat nicht mein Bube mit seiner Trommel mir das Zeichen zum Aufbruch von meinen Chronicken gegeben, an denen ich mich anno passato, wie ein Narr, bald blind gelesen hätte! —
„Da haben wirs,“ (hör ich hier einen Bücherfresser einfallen) „eben diese ver-
„wünschten Jungen mit ihren Trom-
„meln, Geiseln und Schlüsselbüchsen,
„das Zettergeschrey ihrer Schwestern,
„und das Keifen ihrer Mütter, stöhren

„ große Geister oft mitten in der Geburt „ eines schönen Gedankens, oder eines „ neuen Projektes; und unterbrechen den „ Faden seiner Ideen, daß er das Trom „ nicht mehr finden kann. „ — Sey unbesorgt, guter Freund! wenn der unschäzbare Gedanke, von welchem du redest, nicht nur schön, sondern auch gut, dein Projekt nicht nur neu, sondern auch brauchbar, und deine Ideen richtig sind, so werden sie sich schon wieder finden. Lies darüber einen Diderot nach, der sonst dein Orakel ist; wenn der Mann nicht lügt, d. i. wenn er seine vortreflichen Schauspiele nach den Regeln seiner eignen hinten angehängten Theorie von der Composition geschrieben hat, so ist es gewiß eine Grille um die sogenannten unwiederbringlichen Schäferstunden des Genies. — Lerne nur erst, wer du auch seyn magst, ein Bauer, ein Regent, oder ein Gelehrter — lerne nur erst recht ein Mensch seyn, und dir auf diesen Stand vorzüglich etwas einbilden, so wird er dich an keinem sogenannten Berufsgeschäfte, an keiner körperlichen Arbeit, an keiner Uebung des Geistes hindern. — Begreife nur einmal recht, was dich der weise König lehren will, wenn er sagt: Daß alles seine Zeit hat; so wirst du nach und nach zu allem Zeit finden — und die verwünschte Marotte wird dir vergehen, daß der Mensch um des Wissens willen, und nicht vielmehr das Wissen um des Menschen Willen gemacht sey. — Sollte ein Meßkünstler z. E. unter 365. Tagen keinen einzigen finden können, um die Ausgabrödel seiner Frau zu durchgehen, oder eine Jahrrechnung zu stellen? — Oder wird es den Staatsmann in seinem Nachdenken fürs Gemeine Beßte irre, und in seinem Patriotismus lau machen, wenn er bey Haus eine Stube voll Kinder weißt, für die er auch sorgen muß, welche die Früchte seiner Weisheit mit der ganzen übrigen Nachwelt, und den Segen seiner Tugenden noch oben drein einerndten werden? — Bisdahin glaubte die gesunde Vernunft das Gegentheil, und hielt noch ferner dafür: Daß ein Hauswesen und die davon abhangende Sorgen und Pflichten gerade die beßte Schule für den Regentenstand sey; so wie es auch vielleicht für manchen Weltweisen, Psychologen oder Sittenlehrer zuträglicher wäre, dem Ursprung der menschlichen Leidenschaften, dem Wachsthum der Verstandes- und Willenskräfte, an der kleinen Welt die sie in ihrem Haus haben, ich meyne an der Seele ihrer Kinder nachzuspühren, als aber alle Reisbeschreiber und Missionairs zu durchwühlen, und auf die unzuverläßigste Thatsachen nach ihrem Sinn ganz unwiderlegliche Systeme zu bauen. — Aber, nicht nur verträgt sich der Hausstand mit den höchsten Berufsgeschäften und den eifrigsten Geistesübungen; nicht nur ist er, wie ich so eben bemerkt habe, sogar eine neue reine und reiche Quelle, an welcher das Genie des Gesetzgebers, des Philosophen u. s. f. die schönsten, einfältigsten, folglich brauchbarsten Ideen schöpfen kann; sondern auch davon hab' ich schon oben einen Wink gegeben: Je höher der Stand eines Mannes, je tiefsinniger seine Kopfarbeiten, je vielfacher und unaufschieblicher seine Amtspflichten sind, gerade desto unentbehrlicher wird ihm die Freundschaft und treue Hülfshand eines Weibes, welche den größten

Theil, auch der von ihrer Verbindung ganz unabhängigen Sorgen des Lebens auf sich nimmt, und ihm alle Augenblicke zuzurufen scheint: Edler Mann! sorge für das gemeine Wesen; ich sorge für dein Haus: Erleuchte deine Zeitgenossen; ich will deine Kinder erziehen, daß sie uns gleichen: Schenke mir und unsern Kleinen deine Muße; ich ehre deine Zeit! — Dieses, werthe Freunde! ist nun freylich nicht die Sprache jener zahlreichen, beßtbekannten Schälke, welche bald jedes kleine Städtgen nährt; die z. E. den Mann, wenn er aufs Rathhaus oder auf die Kanzel will, noch erst zwingt, über das in vergangener Nacht so verdächtige Poltern in der Mägdekammer zu Gericht zu sitzen; oder ihn von den erschrecklichen Läusen des kleinen Friederichs unterhält, wenn seine Einbildungskraft eben an dem schönsten Ausdruck einer großen Idee arbeitet. Aber, wer heißt euch auch, Schälke oder Schweinigel freyen? Glaubet mirs, wir wollen G. G. seiner Zeit ernsthaft genug von der klugen Wahl einer Gattin reden. — Doch, wir kommen auf unsern Florentiner zurück.

Um blöden Lesern weiter recht heiß und Angst unter dem Brustfleck zu machen, ruft er ihnen zu: „Und endlich, „ihr Herren! ist des Menschen köst„lichstes Gut die Gesundheit; der Ehe„stand aber untergräbt solche, und ver„kürzt die Tage auch des stärksten „Mannes.„ Nun, wir wissen abermal ganz gut, wertheste Freunde! daß etwas an der Sache ist; aber bey weitem nicht so viel als der Doktor droht, der zu dem End unheilbare Krankheiten und Zufälle in Menge anführt, von welchen, nach seiner Behauptung, ein gefißner Gatte ehezeit das traurige Opfer wird. Als wenn es nicht eben so leicht wäre, aus gleich guten Gründen zu zeigen, daß auf einer andern Seite die der Natur verweigerte Befriedigung einer ihrer dringendsten Foderungen die plötzlichsten und gefährlichsten Zerrüttungen im Körper anrichten kann. Doch von dieser Seite hat die gute Sache der Ehe am wenigsten Abbruch zu besorgen: Wer sich durch solche Schreckmänngen davon abhalten läßt, den will ich einmal für entschuldiget halten. — Indessen thut C. wohl am beßten, daß er zuletzt keinerley Schluß aus seinen medicinischen Beobachtungen zieht. Denn wenn sie auch insgesamt ihre vollkommene Richtigkeit hätten, was folgt daraus? Alles meinetwegen — nur nicht die Ungereimtheit: Daß ein Philosoph schuldig sey, die Menschen vor dem Ehestand zu warnen,

durch

durch welchen doch ihr Geschlecht allein sicher fortgepflanzt werden kann: Und eben so wenig die dumme Lästerung, daß die Natur und ihr Schöpfer den süßen Begattungstrieb zur Peinigung des Geschöpfs in seine Brust geleget habe. — Man sieht also leicht, wohin die Cocchischen Principia führen: Entweder auf Absurda welche nicht ihres gleichen haben; oder dann auf eine Apologie jener groben Fortpflanzungs-Unfugen, die vielleicht der Doktor an die Stelle der steten Ehen gesetzt wissen möchte. „Wenn aber„ (fährt dieser böse Mann fort) „das eheliche Leben
„ sogar in Sachen von wahrer, großer
„ und erster Wichtigkeit, wie wir so eben
„ angeführt haben, dem Menschen mehr
„ Schaden als Vortheil zuwege bringt,
„ so verhält es sich nicht minder gleicher
„ Gestalt in Absicht auf das, was wir

„ Güter, Bequemlichkeiten, Vergnügen u.
„ s. f. vom zweyten Range nennen. —
„ Allenthalben kömmt ein Ehesclav zu
„ spät und zu kurz. „ Und was meynen
sie wohl, wertheste Freunde! das der
arme Mann einbüßt? Es ist ja natürlich:
Er kann nicht mehr so ungebunden herum-
schlentern, seine Freunde nicht mehr so
oft oder wenigstens nicht mehr so gut ga-
stiren; er muß seiner Freygebigkeit Schranken setzen, in Kleidern und Meublen ein
Filz seyn; ein uniques Kunstwerk, bey
dem schönsten Anlaß solches um Spott-
preis zu kriegen, dennoch fahren lassen:
Hauptsächlich aber ist es um seine Freyheit gethan, mit Personen von beyden Ge-
schlechtern seine chevorige Bekanntschaft
ungestört fortzusetzen. — Diesen Satz führt
C. besonders geflissentlich aus, und zeigt
woher es komme, daß der Umgang zwi-

schen verheuratheten Mannspersonen und ihren alten Freunden und Freundinnen, besonders aber mit unverheurathetem Frauenzimmer, mit Eins so gleichgültig, kalt und schwürig wird. „Denn (sagt er)
„ein Mädchen wird sich wenig mehr um
„die Gesinnungen und um das Vergnü-
„gen des Ehemanns einer andern Per-
„son bekümmern, die ihr sein Herz ab-
„gestohlen hat, sondern auf neue Erobe-
„rungen ausgehn. Der verheurathete
„Freund auf seiner Seite hinwieder,
„weißt, daß er durch seine eingegangene
„Verbindlichkeit jenes stillschweigende
„Recht, worauf sich Junggesellen bekannt-
„lich so viel zu gute thun, und welches
„gleichsam auf den Besitz einer jeden ihm
„gefälligen Person des schönen Geschlechts
„gerichtet war, nunmehr verlohren hat:
„Kurz, das Bewußtseyn seiner Pflicht

„ macht ihn niedergeschlagen, und nimmt „ ihm allen Muth. „ Wozu, wertheste Freunde? — ein Laster zu begehen, hätte C. gerne hinzusetzen wollen, und zwar ein solches, welches seinem Thäter theuer zu stehen kommen kann; da hingegen ein feiner kleiner doppelter Ehebruch sich eher vor der Welt verbergen läßt. — Unser Doktor ist doch wahrlich ein ganz eigner wunderlicher Mann: Er erkennt alle menschliche Pflichten und die ganze sittliche Ordnung in der Welt, wie andre Ehrenleute. Er will sie weder leugnen noch verletzt wissen: Aber vorbeyspatzieren, ausweichen, möcht er sie. Weil man nicht ehebrechen darf (will er sagen) so soll man auch nicht heurathen! Denn sonst kann ich einmal nicht absehen — warum ein ehrlicher Mann — und wenn ich ehrlich sage, so meyn' ich allemal vernünftig — also, warum ein vernünftiger Mann dieses mit unter die Unannehmlichkeiten des Ehestands zählen soll, daß nun andre Frauenzimmer ihm gleichgültig werden, und sich hinwieder an andre Mannspersonen hängen. Es wäre eben gut, wenn es sich in rerum natura nur wirklich so befände, wie C. selber meynt daß es seyn sollte! Aber noch giebt es unverheurathetes Frauenzimmer genug, welche den Ehemännern die Beutel lären, der legitimen Frau ihre Rechte verkürzen, und einen Hausfrieden so gut als der Teufel selbst zu stöhren wissen. Denn dieses ist, ich hab' es zum Theil auch schon gesagt, die erste und natürlichste Frucht der schönen Philosophie, die den Männern das Heurathen verlaidet: Daß alsdann beyde Geschlechter auf verbotene Speise ausgehen müssen; und zwar noch mit dem höchstwichtigen Unterschied, daß unser Geschlecht solches aus freyer gottloser Wahl, das andre hingegen es aus einer unglücklichen Noth thut. Da helfen alsdann begeisterte Braminen — Erinnerungen an unverheurathetes Frauenzimmer — Fordyce — und Gottes Heiliges Wort selber, wenig: Und der weise Urheber der Natur weißt wohl am beßten, daß, wenn der Mensch einmal kühn genug ist, die Fundamente der moralischen Welt zu untergraben, sein taubes Ohr es nur nicht achten wird, wie die schwächern Theile des herrlichen Gebäudes nach und nach über ihm mit Krachen zergehen. — Man verstehe mich aber wohl: Ob ich gleich mit C. nicht finden kann, daß es für die Mannspersonen ein großes Unglück sey, wenn sie ihre unsteten Begierden, die sie im ledigen Leben entweder gar auf alles was Weiber heißt, oder wenigstens auf mehrere Gegenstände erstrecken, wenn sie, sag ich, diese ihre herumschweifende Zuneigung früher oder später auf einen einzigen liebenswürdigen Gegenstand richten, oder kurz, wenn sie heurathen; zugleich aber wie der Doktor fest überzeuget bin, daß der fortgesetzte Umgang verehlichter Mannspersonen mit ihren ehemaligen weiblichen Bekanntschaften seine merklichen Bedenklichkeiten habe — so bin ich dennoch weit entfernt, in menschliche Tugend ein imbeciles Mißtrauen zu setzen, und einen Ehemann seiner Gattin dergestalt an die Seite zu bannen, daß er der Sinne und Geist erlabenden Gesellschaft aller übrigen Personen ihres Geschlechts von nun an entsagen sollte. Auch kenn ich — nach der Frau, die es nur zu wünschen wagt, ihren Gemahl in sein Haus zu schliessen, weil sie ihn nicht an ihr Herz fesseln kann —

nein! kein verächtlichers Geschöpf unter der Sonne kenn ich — als den Mann, der blöd genug wäre sich einer solchen Knechtschaft zu unterziehen. — Alle Klostertugenden taugen nichts, wertheste Freunde! Sie sind, wenigstens so gut als die ehrliche Alltagstugend, mancherley Fallstricken ausgesetzt; bisweilen laufen sie sogar der Sünde — nur muß es niemand erfahren — mit einer Lüsternheit entgegen, die sich ungefähr mit dem überwaidigen Fressen eines Kinds vergleichen läßt, welches das erstemal ausser des Vaters Hause speist, wo es kurz am Futter gehalten wird. So geht es auch mit den übertriebnen Ehenarren und Hausherren beyderley Geschlechts, die, so gewiß sie einmal mit ihrer Tugend an die freye Luft gehen, vor dem ersten Windstoß der Versuchung zu Boden purzeln. — Doch hievon

ein andermal mehr! — Unſer Doktor
legt abermals von ſeinem gänzlichen Unglauben an das geringſte Gefühl von Sittlichkeit und Ehre unter den Menſchen ein
Zeugniß ab, wann er alſo fortfährt: „Aber
„ auch mit den alten Bekannten von ſei-
„ nem eignen Geſchlecht kann ein Ehemann
„ die ehevorige Freundſchaft nicht fortſe-
„ zen!„ — Grund dafür? „ Sind ſie recht-
„ ſchaffen, ſo entfernen ſie ſich, aus Furcht
„ ſeiner Ruhe und ſeiner Ehre ſchädlich
„ zu werden; alsdann haßt ſie die Frau.
„ Oder denken ſie unedel, ſo bewegen ſie
„ ihm ſolche zur Untreu. — Entweder lie-
„ ben ſie die Wahrheit, das Große, das
„ Edle, das Schöne, das Gemeinnüzige:
„ Alsdann ſchreyt das Weibſen, ſie ver-
„ führen mir meinen Mann! — Denken
„ ſie hingegen klein, kriechend, weibiſch,
„ ſo helfen ſie ihr, die beſſern Grundſäze

„ des Hausvaters lächerlich zu machen,
„ seinen Patriotismus zu pressen — und
„ ihn zuerst feig in Ausübung seiner Rech-
„ te, und endlich gar treulos in Erfül-
„ lung seiner Pflichten zu machen." „ —
Nun, wertheste Freunde! Etwas ist freylich an der Sache — besonders an dem
letztern Theil des Vorwurfs, den C. einigen Weibern und amis de la maison gewiß mit Recht macht. Aber, warum immer deßwegen die menschliche Natur und
ihren Urheber verleumden; warum dem
ganzen Geschlechte, welches doch offenbar
für das Unsrige, oder vielmehr del pari
mit dem Unsrigen zur Erreichung der herrlichsten Absichten in der physischen und moralischen Ordnung der Dinge, geschaffen
ist, die durchgängige Absicht und eine rechte Herzenslust andichten, uns unsre Ruhe, Ehre, Glück, Gesundheit und Tugend

zu rauben; und kurz die Weiber zu einer Brut von Schlangen machen, die sich an unsern Busen legen um uns zu vergiften?—

* * *

Wie frohe bin ich, wertheste Freunde! daß ich mit dieser verwünschten Philippique, deren es übrigens weder an einzelnen richtigen und scharfsinnigen Bemerkungen, noch überhaupt an einer interessanten Ausführung fehlt, bald, bald am Ende bin. Man höre noch zu guter Letze des Doktors Schlußrede an, die freylich nicht seichter seyn könnte; wie es denn allemal geht, wenn man empörende Paradoxe, es koste was es wolle, durchsetzen will. „Aus allen oben angeführten Grün„den (sagt er) ist sich demnach nicht zu „verwundern, daß so viele kluge Män„ner, der verschiednen freylich nicht schwa„chen Anlockungen zum ehelichen Leben

„ ungeachtet, sich eines Stands enthal-
„ ten, dessen Lasten und Ungemächlich-
„ keiten bey reifer Betrachtung allemal
„ die davon zu hoffenden Vortheile weit
„ weit überwägen. Und diese Vorsicht ist
„ ihnen um so viel weniger zu verargen,
„ da sie nur einen sehr geringen Theil
„ der Menschen ausmachen; folglich da-
„ durch, daß sie dem großen und weniger
„ nachdenkenden Haufen die Sorge und
„ Ehre überlassen, ihre Gattung fortzu-
„ pflanzen, der menschlichen Gesellschaft
„ wenig Schaden zufügen werden.„ Das
heißt mit andern Worten kurz: Heurathen ist eine beschwerliche Pflicht, die folglich der Weise den unzählbaren Narren
zu tragen überläßt, welche daran ihre Lust
finden können. Es ist hiemit, angenom-
men daß der Ehestand wirklich eine Last
wäre, nur zu bedauern — daß es der Nar-

ren immer weniger giebt, welche menschliche Pflichten ausüben wollen; hingegen die Anzahl solcher Weisen täglich zunimmt, zu denen Gott der Herr, mit einem spanischen Dichter zu reden, an jenem Tag sagen könnte: Es thut Uns leyd, daß Wir solche Schurken geschaffen haben!

# Innhalt.

I. Rede bey dem Eintritt in das Lehramt der vaterländischen Geschichte und Politik.   Seite 3

II. Jacques und Lise.  Keine Geschichte — und doch kein Traum. Fragmente.   S. 79

III. Etwas für die gute Sache des Ehestands.  Fragmente aus öffentlichen Vorlesungen. S. 251

## Zu verbeſſern.

Seite 12. Linie 3. nach Land lieſe der Geiſter
— 38. — ult. anſtatt kann l. hat.
— 56. — 6. nach ihr l. des
— 77. — 18. anſtatt verſicht l. verſicht
— 85. — 18. anſtatt achtete l. achtet
— 124. — penult. anſtatt Elſe l. Dorchen
— 137. — 6. anſtatt auf l. in
— 141. — 11. anſtatt ſie l. Sie
— 155. — 4. nach eine l. in
— 168. — 13. anſtatt hatte l. kannte
— 227. — ult. nach den l. auſſerordentlichen ſowol als den
— 245. — 6. nach und l. der
— 257. — 5. anſtatt Thiere l. Viehe
— 260. — 8. anſtatt welche l. welcher
— 324. — 16. anſtatt feiner l. feinern